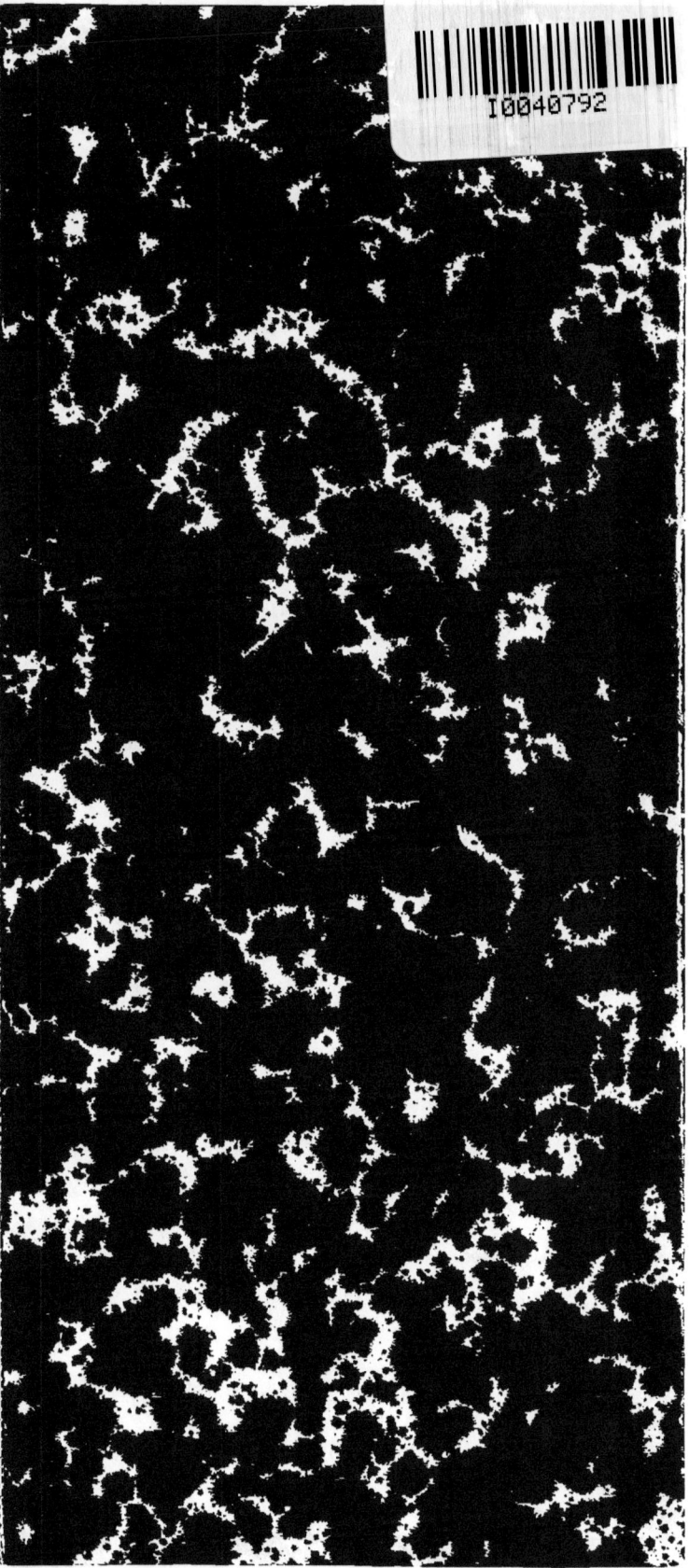

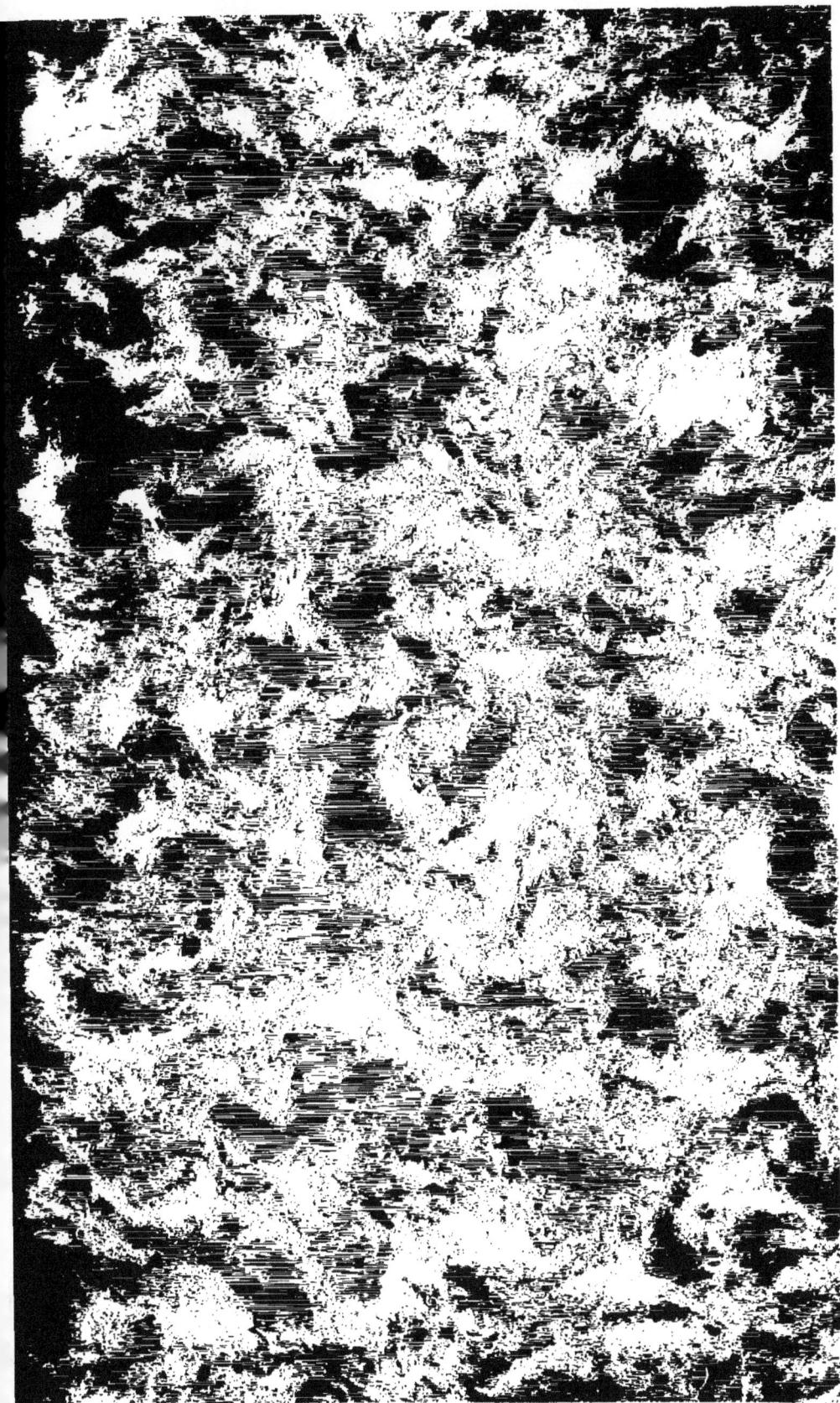

IDAL

BIBLIOTHÈQUE INTERNATIONALE DE DROIT PUBLIC
Fondée par M. BOUCARD et G. JÈZE
publiée sous la direction de
Gaston JÈZE, professeur agrégé à l'Université de Paris

TRAITÉ

DES

LOIS, PRIVILÈGES,

PROCÉDURES ET USAGES

DU PARLEMENT

PAR

Sir Thomas ERSKINE MAY, K. C. B., D. C. L.,

Clerk de la Chambre des Communes,
et Assesseur de Middle Temple.

TRADUCTION FRANÇAISE SUR LA ONZIÈME ÉDITION

Par JOSEPH DELPECH

Professeur à l'Université de Dijon

TOME DEUXIÈME

PARIS (5ᵉ)

V. GIARD & E. BRIÈRE

LIBRAIRES-ÉDITEURS

16, RUE SOUFFLOT ET 12, RUE TOULLIER

1909

ÉTUDE

SUR LES

MOYENS ORGANISÉS PAR LA LOI & LA JURISPRUDENCE

POUR PROTÉGER LES FIANCÉS

CONTRE LEURS FRAUDES RÉCIPROQUES

Lue à l'Académie de Législation

Dans ses séances des 23 janvier, 20 février, 5 mars 1884

Par M. Georges VIDAL,

Agrégé à la Faculté de Droit,

Membre de l'Académie de Législation de Toulouse,

———❧❦❧———

TOULOUSE

IMPRIMERIE DURAND, FILLOUS ET LAGARDE

44, RUE SAINT-ROME, 44

———

1884

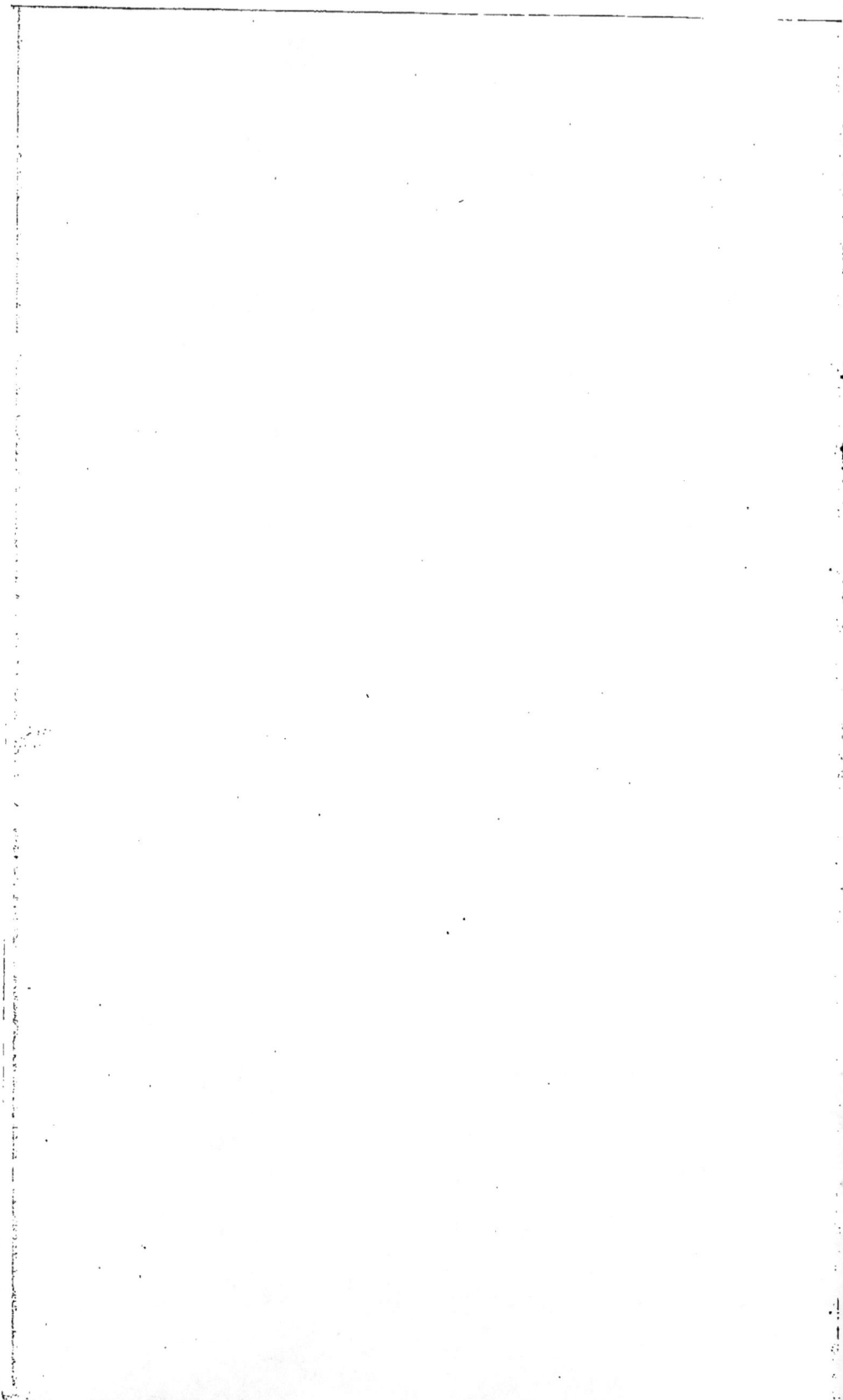

ÉTUDE

SUR

LES MOYENS ORGANISÉS PAR LA LOI ET LA JURISPRUDENCE

POUR PROTÉGER LES FIANCÉS

CONTRE LEURS FRAUDES RÉCIPROQUES

———

S'il est une matière où il semble que le respect de la parole donnée doive être sacré et où cependant les promesses sont trop souvent méconnues, c'est sans contredit le mariage ; et la maxime ancienne de Loisel : *En mariage, il trompe qui peut* (1), est de tous les temps et de tous les pays.

Les tromperies en cette matière peuvent se réaliser indistinctement quant aux personnes et quant aux biens, depuis le moment où les premières ouvertures sont faites jusqu'au jour de la célébration du mariage. Les ruses,

(1) *Institutes coutumières*, liv. I, tit. II, règl. 3ᵉ.

quelque rares qu'on les suppose, sont toujours trop nombreuses et toujours déplorables par leurs conséquences désastreuses, mais irrémédiables sur l'avenir des familles.

Le législateur, qui a pris soin d'assurer l'exécution des conventions librement consenties et d'empêcher les manœuvres frauduleuses employées par les contractants pour s'y soustraire, doit veiller avec encore plus d'attention au respect de la parole échangée entre futurs époux. N'envisageant dans cette étude que le côté pécuniaire des fraudes possibles, nous rappellerons que leurs promesses réciproques et l'assentiment de leurs familles respectives, connus dans l'usage sous le nom de fiançailles, sont accompagnés ordinairement d'échange de cadeaux et suivies de près par le règlement de leurs intérêts pécuniaires dans le contrat de mariage.

Ces actes sont séparés de la célébration de l'union par un intervalle de temps plus ou moins long, pendant lequel les parties peuvent, par des actes occultes, modifier, souvent dans une proportion considérable, leur situation pécuniaire. Nous nous proposons d'étudier quelles seront en droit les conséquences de cette mauvaise foi réciproque et quels sont les moyens que la loi a organisés pour protéger les fiancés contre les agissements l'un de l'autre.

Deux hypothèses se présentent immédiatement à notre examen et nous serviront de division générale : à la suite des fiançailles ou promesses de mariage, on peut arriver à une rupture de cette promesse, ou à sa réalisation.

Dans le cas de rupture, nous aurons à nous demander si, lorsqu'elle est l'œuvre individuelle et intentionnelle d'une seule des parties, l'autre contractant qui éprouve un préjudice pécuniaire ou même moral souvent considérable n'a pas droit à en obtenir réparation ; de plus, si des cadeaux ont été faits, si des donations importantes ont été exécutées avant le mariage, si la dot a été livrée quoique avant la célébration de l'union, la partie qui a ainsi devancé cette époque pour accomplir ses engagements, ne pourra-t-elle pas, en cas de rupture, obtenir la restitution des biens donnés et, dans le cas où le futur mari serait insolvable, la fiancée ne devra-t-elle pas être protégée contre cette insolvabilité ?

Dans le cas où le mariage s'accomplit, les actes frauduleux sont encore plus à redouter et peuvent faire éprouver un préjudice encore plus considérable : les fiancés peuvent, en effet, user de dol l'un envers l'autre dans le contrat de mariage ; après la rédaction de cet acte, mais avant la célébration de leur union, ils peuvent modifier secrètement leur situation pécuniaire d'une façon telle que ce changement, s'il eût été connu, aurait empêché le consentement au mariage de l'autre époux ou de ses parents. C'est ainsi, par exemple, que l'un des époux mariés en communauté, ayant une fortune entièrement mobilière lors du contrat de mariage, peut secrètement immobiliser sa fortune avant la célébration du mariage ; c'est ainsi encore qu'une femme mariée sous le régime dotal, apportant une dot immobilière garantie par le principe protecteur de l'inaliénabilité, peut chercher à frustrer son futur mari en grevant cette dot de dettes nombreuses dans l'intervalle de temps qui s'est écoulé entre le contrat de mariage et le mariage, en l'aliénant et la remplaçant par d'autres biens qui, n'ayant pas été constitués en dot, seront paraphernaux, en l'hypothéquant, etc.

De son côté, le futur mari, qui présentait aux reprises hypothécaires de sa femme une garantie immobilière suffisante, peut, dans le même intervalle, vouloir rendre illusoire cette garantie, soit en aliénant ses immeubles, soit en les grevant d'hypothèques antérieures à la célébration du mariage et qui absorberont la valeur totale de ses immeubles.

Quelle sera la portée de ces agissements frauduleux ?
Celui des fiancés contre lequel ils seront dirigés doit-il
succomber et être victime de la mauvaise foi ? — Si on
n'avait à se préoccuper que des intérêts particuliers des
futurs époux, la réponse ne saurait être douteuse et le
législateur, qui veut l'exécution loyale et de bonne foi de
toutes les conventions, n'aurait certainement pas hésité à
interposer son autorité pour détruire les conséquences
préjudiciables de ces actes frauduleux et secrets. Mais la
solution de ces questions est fort délicate en législation
et cette difficulté a conduit quelquefois la loi à des contradictions, à des systèmes incomplets dont la jurisprudence a cherché à combler les lacunes ; contradictions et
systèmes que nous voudrions grouper ici pour les mieux
mettre en lumière. L'on se trouve, en effet, lorsqu'on
s'occupe du sort de ces actes passés par un des fiancés
depuis son contrat de mariage, mais avant le mariage,
en présence des tiers qui ont pu légitimement ignorer la
promesse du mariage, qui ont le droit de ne pas connaître
les conventions matrimoniales que la loi n'a soumis à
aucune publicité avant la célébration du mariage : ces tiers
n'ayant aucun indice pour soupçonner la situation des
futurs époux, ont donc pu traiter de très bonne foi avec
l'un d'eux et participer, sans le savoir, à un acte frauduleux. Convient-il de leur faire supporter les conséquences
d'une fraude qu'ils ont ignorée et de les sacrifier pour
sauver les intérêts du futur époux victime de cette fraude ?
ou bien est-il plus juste de sacrifier ce dernier, qui aurait
pu au moins soupçonner la fraude possible et prendre des
précautions contre cette éventualité ?

Entre ces deux victimes dont l'une doit succomber, le
tiers et le futur époux, le choix est fort embarrassant,
comme nous le montreront les développements qui vont
suivre.

Pour pouvoir apprécier et juger plus sûrement le système de notre législation actuelle sur ces questions délicates et intéressantes, il nous paraît indispensable de
consulter au préalable les sources auxquelles les rédacteurs
du Code ont emprunté, sans y presque rien changer, les
dispositions sur ce point : le Droit romain et notre
ancienne jurisprudence française, tant dans les pays de
coutume que dans les pays de droit écrit. Pour chacune
de ces trois périodes successives de législation, notre division générale sera la même et fixée par les deux hypothèses auxquelles peuvent aboutir les promesses de mariage : la rupture ou la célébration (1).

CHAPITRE Ier

Droit romain

Dans l'ancienne Rome, les fiançailles se contractaient
dans la forme ordinaire de la *sponsio*, de la stipulation :
d'où l'origine des mots *sponsalia*, *sponsus*, *sponsa* (2).
Aulu-Gelle nous rapporte même (3) que jusqu'à la loi
Julia, qui donna aux Latins le droit de cité romaine complet, dans cette partie de l'Italie, les fiançailles étaient
civilement obligatoires. Il en fut autrement dans le Droit
romain, d'après lequel la promesse de mariage ne produisait qu'un lien purement moral, et les fiançailles pouvaient être rompues de part et d'autre aussi librement

(1) Nous avons, dans une étude précédente insérée dans la *Revue
pratique de Droit français* de 1880, examiné la fraude toute spéciale
dont le fiancé, officier de l'armée de terre ou de mer, peut être victime, et consistant dans la violation des règlements protecteurs du
mariage des officiers.

(2) LL. 2 et 3, D., *de Sponsalibus*, 23, 1.

(3) *Nuits attiques*, liv. IV, § 4.

que le mariage lui-même, sauf une différence de formule dans le *repudium* (1). — Cependant cette promesse était, dans l'usage, fréquemment accompagnée de dation d'arrhes, de cadeaux, de constitution de dot dont il nous faut étudier le sort en cas de rupture.

SECTION Iʳᵉ. — RUPTURE DE LA PROMESSE DE MARIAGE.

1° *Réparation du préjudice causé par la rupture.*

D'après Aulu-Gelle (*loc. cit.*), dans le Droit des anciens Latins, la *sponsio* liait civilement les fiancés et donnait lieu, en cas de rupture de la part de l'un d'eux, à une action *ex sponsu* pouvant faire prononcer une condamnation à des dommages-intérêts pour l'inexécution de l'obligation de faire, de consentir au mariage qu'il avait contracté. — Mais il n'en fut jamais ainsi dans la législation romaine, qui consacrait la liberté la plus grande pour contracter le mariage et pour le dissoudre ; le divorce étant absolument libre et possible de la part d'un seul des époux, il eût été, en effet, absurde et impraticable de déclarer liés et obligés de contracter mariage des fiancés qui, ce mariage contracté, auraient pu le dissoudre impunément sur l'heure. Aussi la promesse entre fiancés, contractée dans la forme de la *sponsio* à l'origine, et plus tard parfaite par le seul consentement (2), n'avait-elle, au point de vue de son exécution par la réalisation du mariage promis, aucune efficacité ni sanction civile : elle n'avait qu'une simple autorité morale.

La liberté des fiancés pour consentir au mariage ou le refuser devait toujours rester entière.

(1) L. 2, §§ 1 et 2, D., *de Divortiis*, 24, 2.
(2) L. 4, D., *de Sponsal.*, 23, 1.

La rupture unilatérale était permise de part et d'autre,
et rien ne pouvait entraver ni gêner cette liberté (1). —
L'exercice de ce droit de dissolution, qui garantissait la
liberté nécessaire pour consentir au mariage, ne donnait
donc lieu à aucune action ni à aucune obligation de réparer le préjudice, souvent considérable, causé à l'autre
partie. Bien plus, rien ne pouvait enchaîner les fiancés
l'un envers l'autre, et une clause pénale, librement consentie, par laquelle ils se seraient respectivement engagés
à payer, à titre de réparation, une somme fixée d'avance
en vue d'une rupture sans motifs, était paralysée au
moyen de l'exception de dol (2), par le motif général qui
frappe d'inefficacité toute condition ou promesse ayant
pour but de gêner la liberté du consentement en matière
de mariage (3).

Si telle était la liberté laissée aux futurs époux de se
tromper par une rupture inattendue et sans motifs, l'usage
avait suppléé à cette lacune, surtout au profit de la jeune
fille qui a le plus souvent à souffrir un double préjudice
moral et pécuniaire de ces projets non réalisés du mariage. — Les fiancés avaient l'habitude de donner à leur
future épouse, comme gage de leur parole, des arrhes soumises à la réglementation ordinaire des arrhes données
pour assurer l'exécution d'un contrat, c'est-à-dire que le
fiancé qui rompait sans motifs perdait les arrhes par lui
données, et que la fiancée, à son tour, était obligée de
restituer au double les arrhes qu'elle avait reçues, lorsqu'elle manquait sans motifs à sa parole (4) : l'action

---

(1) L. 1, C., *de Sponsal.*, 5, 1. — L. 2, C., *de Repudiis*, 5, 47.

(2) L. 134 pr., D., *de Verbor. obligat.*, 45, 1, et L. 5, *in fine*, C.,
de Sponsal., 5, 1.

(3) L. 71, § 1, D., *de Condit. et Demonstr.*, 35, 1.

(4) L. 5, C., *de Sponsal.*, 5, 1.

prœscriptis verbis était donnée contre elle à cet effet (1)
Une constitution impériale d'Honorius et Théodose, inscrite au Code théodosien (2), avait même porté au qua-
druple les arrhes à restituer; mais elle fut abolie et l'ancien Droit rétabli par Léon et Anthémius (3). Les fiancées
avaient donc un moyen indirect de réparer le préjudice
causé par la brusque rupture de leur projet d'union :
exiger de celui auquel elles s'engageaient, à leur tour,
des arrhes suffisantes pour cette réparation éventuelle.

On peut se demander comment la dation d'arrhes avait
été autorisée et sanctionnée par leur perte, alors que la
clause pénale, c'est-à-dire la promesse de payer une
somme fixée à forfait ou à fixer plus tard, était dénuée de
toute efficacité. Il est probable que les Romains ont obéi,
pour établir cette différence, au sentiment qui a dicté
plusieurs des dispositions protectrices de leurs lois, et qui
consiste à distinguer la dation de la promesse, lorsqu'il y
a lieu, dans un but supérieur de protection, de prohiber
des engagements irréfléchis. Les Romains, considérant la
promesse comme seule réellement dangereuse, parce que
l'effet en est éloigné, que celui qui la fait peut se faire
illusion sur sa portée, la prohibaient seule et autorisaient,
au contraire, la dation, en considérant que ses effets im-
médiats imposent une dépossession et un sacrifice actuels
dont les effets et la portée se font immédiatement sentir;
l'intérêt et le sentiment de la propriété suffisent pour arrêter des dations exagérées, tandis qu'on peut quelquefois
craindre des promesses excessives de la part de ceux, toujours trop nombreux, qui ne savent pas suffisamment cal-
culer l'étendue de leurs engagements relativement à leurs

(1) Arg¹ L. 17, § 5, D., *de Prœscriptis verbis,* 19, 5.
(2) L. un, C. th., *Si nuptiœ ex rescripto petantur,* 3, 10.
(3) LL. 3 et 5, C., *de Sponsal.,* 5, 1.

facultés. C'est par suite de ce sentiment que le sénatus-
consulte Velléien se bornait à prohiber l'intercession des
femmes, autorisant au contraire, de leur part, la dation (1), que la loi Julia *de Adulteriis*, autorisant l'aliénation du fonds dotal par le mari avec le consentement de
la femme, défendait absolument aux deux époux l'hypothèque du même fonds (2). Le danger est réel et redou-
table pour les promesses de mariage; il est à craindre que
la passion et le désir de contracter une union séduisante
n'entraînent les futurs époux à contracter des engagements
irréfléchis et à sanctionner leur parole par des clauses pénales exagérées : la liberté du consentement au mariage
recevrait ainsi une grave atteinte par la menace du lourd
fardeau pécuniaire à supporter pour se dédire; tandis
qu'au contraire l'actualité du sacrifice par la dation d'arrhes est une garantie contre leurs excès.

Cette législation, prohibitive de toute obligation de
dommages-intérêts et de toute clause pénale destinée à
sanctionner les promesses de mariage, et n'autorisant que
la dation d'arrhes, fut, paraît-il, modifiée par l'usage, et
cet usage fut érigé en loi par l'empereur Léon le Philo-
sophe, dans sa Novelle 18. Sous l'influence des mœurs
de son époque, qui se ressentaient probablement en ce
point des doctrines canoniques, cet empereur décide que
la clause pénale insérée dans le contrat de fiançailles sera
désormais civilement obligatoire pour celle des parties
qui manquera à la foi donnée.

2° *Restitution des cadeaux et donations et de la dot.*

La réparation du préjudice causé par la rupture et la
perte ou restitution au double des arrhes, n'est pas la

(1) L. 4, § 1, D., *ad. sc. Vellei*, 16, 1.
(2) Inst. pr., *quib. alienare licet*, 2, 8.

seule question à laquelle donne lieu cette rupture. Les fiançailles sont presque toujours accompagnées de cadeaux ou présents d'usage, de donations quelquefois importantes, enfin de constitution de dot dont l'exécution peut précéder le mariage et être immédiate. Quels seront, relativement à ces actes, les effets du manquement répréhensible par l'une des parties à la parole donnée?

Les donations faites en vue du mariage entre fiancés ne pouvaient être, pour leur exécution, reportées à l'époque de la célébration du mariage : elles auraient été frappées de nullité comme donations entre époux (1); elles devaient nécessairement précéder le mariage : la question de leur sort, en cas de rupture du projet d'union, se posait donc toujours pour elles. Une distinction est nécessaire à ce point ce vue : les parties ont-elles subordonné la donation à la condition résolutoire de la rupture? le donateur pourra, le mariage manquant, reprendre les biens donnés par l'action personnelle, *Condictio obrem dati causa non secuta*, ou, suivant l'opinion particulière d'Ulpien (2), consacrée par les constitutions impériales (3), par l'action *in rem* en revendication. Au contraire, en cas de silence des parties sur cette éventualité, et si la donation est faite actuellement pure et simple, les anciens jurisconsultes la considéraient comme définitive et non subordonnée à la célébration du mariage (4), probablement parce que, pouvant y insérer la condition résolutoire de la rupture, et ne l'ayant pas fait, les parties sont censées s'être gratifiées par affection et sans autre préoccupation d'union projetée; cependant cette interprétation, évidem-

---

(1) L. 32, § 22, D., *de Donat. inter virum et uxor.*, 24, 1.
(2) Cf. L. 29, D., *de Mortis causa donat.*, 39, 6.
(3) Cf. L. 15, C., *de Donat. ante nupt.*, 5, 3.
(4) Cf. § 262, *Fr. Vatic.*

ment trop subtile, était contraire à l'intention réelle, souvent délicate à exprimer formellement dans cette situation; aussi fut-elle abrogée par Constantin (1). En vertu
de cette constitution, les donations entre fiancés sont toujours réputées subordonnées à la condition résolutoire tacite de la rupture du contrat, et cette rupture survenant
par la faute du donataire, le donateur a, pour reprendre
les biens donnés, le choix entre la *condictio* et l'action *in
rem* en revendication; si c'est le donateur qui fait man-
quer le mariage, il perd, à titre de peine, les biens qu'il
avait donnés. Nous ne nous occupons, bien entendu, dans
toute cette étude, que des cas de rupture non justifiés et
provenant de la faute de l'une des parties, laissant de côté
les autres cas de rupture, tels que la mort, qui ne peuvent
leur être imputés.

La constitution de dot fut, lorsqu'elle était parfaite
avant la célébration du mariage, toujours considérée
comme subordonnée à la condition suspensive tacite de
cette célébration, *si nuptiæ sequantur*, la dot ne pouvant
exister sans mariage. Il en résulte que cette constitution
était non avenue en cas de rupture : tous les actes par
lesquels elle s'était opérée, dation, promesse, cession,
délégation, acceptilation, etc., étaient considérés comme
n'ayant jamais eu aucune existence, et les parties se
trouvaient remises dans l'état antérieur à cette constitution (2).

Cependant la constitution de dot par voie de dation
mérite une attention particulière. La propriété des biens
constitués peut être transférée actuellement et immédiate-

----

(1) L. 15, C., *de Donat. ante nuptias*, 5, 3.

(2) LL. 21 à 23, 36, 37, 41, § 1, 43 pr., 58 pr., 68, 80, 83, D.,
de Jure dotium, 23, 3. — L. 4, § 2, D., *de Pactis*, 2, 14. — LL. 7,
9 pr., 10, D., *de Condict. causa data*, 12, 4.

ment au futur mari, sauf obligation pour lui d'en retrans-
férer la propriété, en cas de rupture; à l'inverse, le transfert peut n'être pas actuel et être retardé à l'époque de
la célébration du mariage à laquelle elle est subordonnée;
en d'autres termes, le transfert de propriété peut être
actuel, mais sous condition résolutoire tacite, ou au contraire être subordonné à la condition suspensive expresse
de la réalisation de l'union projetée; on présumait même,
dans le doute et en cas de silence, l'actualité de transfert (1). Si la fiancée donne les biens dotaux au futur
mari avec l'intention qu'ils lui appartiennent aussitôt, la
rupture du mariage survenant, elle a le droit de les reprendre par la *condictio causa data causa non secuta* (2);
l'action en répétition appartient à la femme toutes les
fois que la constitution émane d'elle-même ou d'une personne autre que son père, à moins que le constituant ne
se soit réservé spécialement la restitution ou ne l'ait
réservée dans l'intérêt d'un autre; si la constitution a été
faite par le père, c'est lui qui aura la reprise de la dot en
cas de rupture du mariage (3). Si, au contraire, le transfert de propriété est reculé et subordonné à la célébration du mariage, la condition ne se réalisant pas, la
dot ne sera jamais entrée dans le patrimoine du fiancé
et n'aura jamais cessé d'être la propriété de la femme ou
du constituant, qui aura, pour la reprendre, l'action en
revendication (4).

Cette restitution de la dot pouvait être gravement com-

(1) L. 8, D., *de Jure dotium*, 23, 3.

(2) L. 7, § 3, L. 9, pr., D., *de Jure dotium*, 23, 3 — L. 10, D., *de
Sponsalibus*, 23, 1. — LL, 6, 7, § 1, 8, D., *de Condict. causa data*,
12, 4.

(3) Cf. LL. 6, 9 pr., D., *de Condict. causa data*, 12, 4. — L. 9
pr., D., *de Jure dotium*, 23, 3.

(4) L. 7, § 3. — L. 9 pr., § 1, D., *de Jure dotium*, 23, 3.

promise par la mauvaise foi et les agissements frauduleux
du futur mari devenu propriétaire. Il pouvait, en effet,
aliéner les biens dotaux entrés dans son patrimoine, les
grever d'hypothèques ou autres droits réels, les dégrader,
dissiper les sommes d'argent qu'on lui avait confiées à
titre de dot, rendre sa responsabilité pécuniaire illusoire
en grevant ses propres biens d'hypothèques écrasantes
pour le recours de la fiancée. Comment celle-ci était-elle
protégée en vue de cette situation ?

Nous n'insisterons pas sur le cas où le transfert des
biens dotaux a été subordonné à la condition suspensive
du mariage, car cette condition faisant défaut, le futur
mari est censé n'avoir jamais été propriétaire, et n'a pu
en rien altérer ces biens : la fiancée exercera la revendication contre tous les détenteurs. Le cas de transfert actuel et immédiat, qui devait être assez fréquent puisqu'il
était présumé dans le débat, présente seul des dangers.
La fiancée n'a, au dire d'Ulpien lui-même, qu'une simple
action personnelle à l'effet d'obtenir le transfert de propriété des biens dotaux de la part du futur mari, la condictio causa data causa non secuta (1). Elle est donc simple
créancière et sera sur ces biens l'ayant cause pure et simple de son futur mari, ne pouvant s'adresser qu'à lui pour
obtenir la restitution de sa dot, et obligée de respecter
tous les droits réels, hypothèques, servitudes, etc., consentis par lui. On peut s'étonner, au premier abord, de
trouver cette doctrine enseignée par Ulpien. Ce jurisconsulte progressiste admettait, en effet, contrairement à la
doctrine générale de son époque, au cas d'accomplissement de la condition résolutoire apposée à un transport
de propriété, le retour *ipso jure* de la propriété au *tradens*

---

(1) L. 7, § 3. — L. 9 pr., D., *de Jure dotium*, 23, 3.

auquel il donnait ainsi l'action en revendication pour reprendre sa chose (1).

Mais il faut bien remarquer que cette théorie nouvelle n'est proposée par son auteur qu'avec une extrême timidité (*Potest defendi in rem competere donatori*, dit-il dans la L. 29, D., *de Mortis causa donat.*), et cette théorie il ne la généralise pas pour tous les cas de condition résolutoire tant expresse que tacite. Nous ne la rencontrons que dans des hypothèses de condition résolutoire expresse exprimée dans un pacte joint à la dation, *addicto in diem* dont les termes nous sont indiqués dans la L. 1, D., *de in diem addict.*, 18, 2, pacte résolutoire ajouté à la donation *mortis causa* et dont le texte exprès nous est encore fourni par la L. 29, D., *de Mortis causa donat.* Lorsque le transfert a été fait sans réserve formellement exprimée, et que l'obligation de rétrocéder la chose n'est qu'une conséquence du principe général que nul ne doit s'enrichir au détriment d'autrui et malgré lui, c'est-à-dire naît *quasi ex contractu*, la *condictio causa data causa non secuta* est seule donnée et non la revendication ; les Romains, même à la période la plus avancée de leur législation, n'ont jamais admis la condition résolutoire tacite que consacre notre Code civil dans l'art. 1184. C'est ce qui explique comment dans les contrats innommés *do ut des, do ut facias,* la partie qui avait fait la dation n'avait jamais la revendication pour reprendre sa chose, en cas d'inexécution de la prestation promise par l'autre, mais seulement la *condictio ob rem dati* (2).

C'est par le même motif qu'Ulpien donna la *condictio*

---

(1) Cf. L. 4, § 3, D., *de in rem addict.*, 18, 2. — L. 3, D , *Quibus modis pignus solvit*, 20, 6. — L. 29, D., *de Mortis causa donat.*, 39, 6.

(2) Cf. L. 4, C., *de Rerum permutat.*, 4, 64.

sans parler de revendication, pour la répétition, en cas
de rupture du mariage, de la dot transférée immédiatement (1); dans ces deux textes, en effet, Ulpien, rappor-
tant les termes du pacte qui sert de loi et de commentaire
à la dation, indique une dation sans réserve et sans mention de la condition résolutoire expresse de la rupture du
mariage projeté : *Datio ut statim ejus fiant, ut statim viri
res fiant, ut statim fiant accipientis*, dit-il, sans ajouter que
ces biens reviendront au constituant en cas de rupture;
aussi ne lui reviendront-ils pas en vertu d'une obligation
contractuelle, mais en vertu d'une obligation *quasi ex
contractu, condictione causa data causa non secuta*, basée
sur le principe d'équité que nul ne peut s'enrichir au détriment d'autrui. Si cependant la condition résolutoire
avait été formellement exprimée par le constituant, stipulant le retour de la dot en cas de rupture du mariage, la
situation serait-elle modifiée, et, dans la doctrine particulière d'Ulpien, qui fut consacrée par les constitutions
impériales, la revendication aurait-elle été donnée? On
n'aperçoit aucun motif de refus, et par cette clause expresse, la femme ou le constituant serait à l'abri des aliénations et droits réels consentis par le futur mari.

La fiancée dépouillée de ses biens dotaux n'aura donc
le plus souvent, pour en obtenir la restitution de son fiancé
infidèle à sa parole, que l'action personnelle. Sa *condictio
causa data causa non secuta* sera-t-elle laissée sans défense
à la merci de la mauvaise foi de son débiteur? Les jurisconsultes romains, si soucieux des intérêts dotaux, se
préoccupèrent de cette situation. Ils commencèrent à décider que la fiancée serait à l'abri des aliénations, hypothèques et autres droits réels que le futur mari aurait pu
consentir à l'occasion des fonds dotaux, en frappant ces

(1) L. 7, § 3. — L. 9 pr., D, *de Jure dotium*, 24, 3.

biens de l'inaliénabilité établie par la loi Julia : « *Lex*
» *Julia*, nous dit Gaius, *quæ de dotali prædio prospexit ne*
» *id marito liceat obligare aut alienare, plenius interpre-*
» *tanda est : ut etiam de sponso idem juris sit quam de*
» *marito* » (1).

Ces aliénations consenties par le fiancé devenu propriétaire, étant nulles par suite de l'inaliénabilité, celui-ci,
assigné en restitution par la *condictio causa data*, pourra
revendiquer, entre les mains des tiers détenteurs, les
biens constitués en dot et en transférer ensuite la propriété à la femme, ou, pour plus de simplicité, la femme
pourra se faire céder la revendication et agir directement
contre les tiers : en cas de refus de la cession, elle serait
sous-entendue comme dans tous les cas où elle est obligatoire. Les droits réels grevant les biens dotaux seront non
avenus et ne pourront s'exercer contre la femme à laquelle les biens auront été restitués.

Lorsque la fiancée a, après la rupture du mariage, à
exercer contre son futur mari de simples créances en restitution, elle se trouve, en outre, en présence d'un danger sérieux : l'insolvabilité de son débiteur et l'absorption
des biens de celui-ci par des hypothèques nombreuses. Ici
encore les jurisconsultes romains vinrent la protéger au
même degré que la femme mariée, en attachant à sa *condictio* le *privilegium inter personales actiones*, qui garantissait l'action *rei uxoriæ* en restitution de la dot (2). La
fiancée était ainsi, comme l'épouse, préférée à tous les
créanciers chirographaires du débiteur, sauf les frais fu-
néraires et le fisc ; elle avait même le droit, en vertu de
son privilège, de prélever à leur égard, en nature, les

(1) L. 4, D., *de Fundo dotali*, 23, 4.
(2) L. 74, D., *de Jure dotium*, 23, 3. — L. 17, § 1, LL. 18 et 19 pr.,
D., *de Rebus auctor. judic. possess.*, 42, 5.

biens dotaux et ceux acquis des deniers dotaux; mais elle
était primée par tous les créanciers hypothécaires, car
elle n'avait aucune hypothèque légale, sauf le cas où la
constitution de dot aurait été accompagnée d'une constitution d'hypothèque conventionnelle. Justinien créa bien
une hypothèque légale au profit de la femme créancière
de la restitution, hypothèque qui, établie en 529 sur les
biens dotaux appartenant au débiteur de la restitution (1),
fut, l'année suivante, étendue à tous les biens du mari (2),
et enfin, en 531, déclarée privilégiée et préférable à toutes
les hypothèques même consenties par le mari avant le
mariage, par la fameuse constitution *Assiduis* (3). Mais
cette hypothèque légale, dont l'exagération a valu à Justinien l'épithète d'*Uxorius*, est attachée à l'action *rei uxoriæ* et ne saurait être étendue à la fiancée qui n'a à sa
disposition que la *condictio causa data causa non secuta;*
elle est une qualité intime de l'action *rei uxoriæ*, et ne
saurait en être détachée pour être transportée à une autre
action toute différente. De sorte que si la fiancée ne se
trouve pas suffisamment protégée contre l'éventualité
d'insolvabilité par la *privilegium inter personales actiones,*
elle n'a d'autres ressources que d'exiger, lors de la constitution de dot, l'établissement par son futur mari d'une
hypothèque conventionnelle qui datera de ce jour (4).

SECTION II. — Célébration du mariage.

Les biens dotaux deviennent la propriété du mari à
compter du jour même de la dation, soit que le constituant opère le transfert actuel et immédiat, soit qu'il l'ait

(1) L. 30, C., *de Jure dotium*, 5, 12.
(2) L. un, § 1, C., *de Rei uxoriæ actione*, 5, 13.
(3) L. 12, § 1, C., *Qui potiores in pignore*, 8, 18.
(4) L. 1 pr., D., *Qui potiores in pignore*, 20, 4.

subordonné à la condition suspensive du mariage; car, dans ce dernier cas, la condition accomplie a un effet rétroactif au jour de la constitution.

Les fraudes et les surprises à redouter dans l'intervalle du contrat de constitution dotale au mariage, ne peuvent donc émaner que du mari et consisteront, soit en aliénations et droits réels consentis relativement à la dot, soit en diminutions des garanties accordées·à la femme pour la reprise de ses droits. Mais les jurisconsultes et Justinien ont pris soin de protéger la femme, en faisant rétroagir les garanties qui lui sont données au jour même de la constitution. C'est ainsi que l'inaliénabilité du fonds dotal, créée par la loi Julia et augmentée encore par Justinien (1), remonte à cette époque et profite à la fiancée avant son mariage (2); de telle sorte que toute aliénation, toute hypothèque, toute constitution de droits réels frauduleuse et portant atteinte aux droits acquis sera frappée de nullité.

Quant aux actes par lesquels le mari aura, avant le mariage, diminué les garanties que sa femme avait sur son patrimoine, ils seront paralysés, pour les dettes chirographaires, par le *privilegium exigendi* ou par l'hypothèque conventionnelle stipulée dans l'*instrumentum dotale* et prenant date du jour de la constitution (3); enfin,

(1) Pr., Inst., *quib. alien. licet*, 2, 8.

(2) L. 4, D , *de Fundo dotali*, 23, 5.

(3) L. 1, D., *Qui potiores in pignore*, 20, 4 Papinianus, lib. VIII, *quæstionum* : Qui dotem pro muliere promisit pignus sive hypothecam de restituenda sibi dote accepit : subsecuta deinde pro parte numeratione, maritus eandem rem pignori alii dedit : mox residuæ quantitatibus numeratio impleta est. Quærebatur de pignore. Cum ex causa promissionis ad universæ quantitatis exsolutionem, qui dotem promisit compellitur, non utique solutionum observanda sunt tempora, sed dies contractæ obligationis; nec probe dici, in potestate ejus esse ne pecuniam residuam redderet, ut minus dotata mulier esse videatur.

depuis la constitution *Assiduis,* de Justinien, par l'hypothèque privilégiée qui prime toutes les hypothèques acquises du chef du mari, même antérieurement au mariage.

En résumé, par suite du principe romain que la dot
appartient au mari et que la femme en perd la propriété dès sa constitution (1), sauf créance en restitution
contre son mari, elle seule peut souffrir de la mauvaise
foi et des actes frauduleux de celui-ci dans l'intervalle
de temps qui s'écoule entre le contrat de mariage et la
célébration du mariage, elle seule a besoin d'être protégée; mais elle l'est très efficacement et très énergiquement par la rétroactivité de ses garanties légales au
jour de la constitution de dot, inaliénabilité du fonds
dotal et hypothèque légale privilégiée créée par Justinien.
Cette rétroactivité fait fictivement commencer les effets
du régime dotal, le seul régime matrimonial en usage à
Rome, avant le mariage, dès l'instant des conventions
matrimoniales, au moment même où la femme donne sa
foi à son futur mari et commence à courir les risques de la
confiance qu'elle met en lui.

CHAPITRE II.

Ancien Droit français.

Nous n'étudierons cette période de législation que dans
sa dernière époque, au point de vue de l'influence qu'elle
a pu exercer sur la rédaction de notre Code civil, et des
renseignements qu'elle peut nous fournir pour l'interprétation de la loi civile qui nous régit.

Dans notre ancienne France, tout ce qui touchait au

(1) Gaii II, 62 ; pr., Inst., *quib. alienare licet,* 2, 8.

mariage était régi à la fois par la législation civile et le Droit canonique; il n'y avait pas, au point de vue du Droit positif, de démarcation et d'indépendance entre le mariage considéré comme contrat civil et le mariage considéré comme sacrement. Cependant tous les canons n'étaient pas indistinctement reçus en France, et en vertu de libertés et franchises de l'Eglise gallicane que les rois s'efforçaient de faire respecter, ceux-ci cherchaient à maintenir autant que possible l'harmonie entre la législation religieuse et la législation civile, en se conformant aux mœurs et à l'esprit de leur époque.

Le Droit canonique considérait comme obligatoire la parole donnée dans le contrat de fiançailles, et donnait à l'autorité ecclésiastique les pouvoirs spirituels nécessaires pour la faire respecter et faire réaliser le projet de mariage conclu : censure ecclésiastique, excommunication (1). Il considérait que la parole donnée ne devait pas être retirée et que la liberté des contractants, nécessaire pour le mariage, n'était pas injustement restreinte, puisque cette liberté a été entière lorsqu'ils ont contracté leurs fiançailles et ont échangé leur promesse d'union. Mais cette disposition du Droit canonique ne fut jamais reçue en France, d'après l'affirmation de Pothier (2), et il y aurait appel comme d'abus contre l'official, le juge ecclésiastique qui aurait usé, pour faire contracter le mariage, de censures ecclésiastiques (3). Cette liberté de rompre les fiançailles était ainsi exprimée par Loisel (4) : *Fille fiancée n'est prise ni laissée; car tel fiance qui n'épouse point.*

(1) Chap. X, *extrav. de Spons.*, liv. IV, *Décret*.
(2) *Traité du contrat de mariage*, n° 51, édit. Buguet, t. VI, p. 21.
(3) Arrêt du 13 juin 1638, rapporté par Bardet, tome II, liv. VII, ch. XXVI.
(4) *Institutes coutumières*, liv. I, tit. II, règle 1re.

Cependant, si aucune contrainte directe n'est possible tant au point de vue religieux qu'au point de vue civil, pour obtenir, malgré la volonté des fiancés, l'accomplissement du mariage, l'autorité ecclésiastique, tout en autorisant la dissolution unilatérale du contrat de fiançailles, ne pouvait approuver le manquement à la foi donnée : il y avait là une faute appelant une pénitence. Cette matière, à raison du caractère mixte qui lui était reconnu, appartenait à une double juridiction : d'une part, la juridiction ecclésiastique de l'official appelée à apprécier la validité des fiançailles et le blâme, la pénitence à infliger à la partie infidèle, pénitence consistant en prières ou aumônes (1); d'autre part, la juridiction séculière des juges laïques ayant à statuer sur les conséquences civiles et juridiques du manquement au contrat, dont la validité avait été prononcée par l'autorité ecclésiastique.

Ainsi la dissolution unilatérale des fiançailles, tout en n'étant pas empêchée par la loi, n'était cependant pas considérée comme un droit dont on pouvait user impunément; elle constituait une faute qui devait faire encourir à son auteur une certaine responsabilité. Le manquement à la parole donnée, les fraudes et la violation de la confiance accordée avaient attiré l'attention du législateur, qui chercha à les éviter par des dispositions que nous allons passer rapidement en revue, en parcourant les deux hypothèses de la rupture des fiançailles et de la célébration de l'union promise.

SECTION Iʳᵉ. — RUPTURE DU MARIAGE.

1° *Responsabilité.* — La partie qui manque à sa parole commet une faute que la loi ne veut pas empêcher par la

____

(1) *Can. requisivit.*, 17. *Extrav. de Sponsal.*

forcé pour ne pas violenter la liberté, mais qu'elle est loin d'approuver et qu'elle considère comme un manquement répréhensible au devoir. Dès lors, l'auteur de cette faute encourt la responsabilité du préjudice qu'il détermine ainsi, et il est tenu de le réparer. Cette réparation con‑ sistera dans les dommages-intérêts prononcés par le juge séculier, et sera calculée sur le préjudice, tant moral que matériel, qu'éprouve l'autre partie : « Les dépenses que » les recherches de mariage ont causées, pendant tout le » temps qu'elles ont duré, à celui qui se plaint de l'in- » exécution des fiançailles, et la perte du temps qu'elles » lui ont causée, sont les objets les plus ordinaires de » ces dommages-intérêts. L'affront que souffre la partie » à qui on a manqué de foi, y peut aussi quelquefois » entrer, dans le cas auquel il y aurait lieu de craindre » qu'il ne pût nuire à son établissement avec quelque » autre » (1). Mais on cherche toujours à combiner ce principe d'équité, qui oblige l'auteur d'un préjudice à le réparer, avec le respect de la liberté des mariages, si bien que l'on ne permet pas d'y porter atteinte, ne fût-ce que dans la forme. C'est ainsi que Pothier cite un arrêt du 10 mars 1713, extrait du *Journal des audiences*, t. VI, liv. III, ch. XI, qui défend de prononcer les dommages-intérêts en y ajoutant cette alternative : *Si mieux n'aime épouser*. « Cette prononciation est indécente, dit Pothier, » et paraît blesser la liberté des mariages » (2).

Du reste, la loi exige, pour autoriser la condamnation aux dommages-intérêts, la preuve certaine des fiançailles, et cette preuve n'en peut être faite, sauf aveu, que par écrit arrêté en présence de quatre proches parents de l'une et de l'autre parties, en vertu d'une déclaration du 26 no-

(1) Pothier, *Traité du contrat de mariage*, n° 52.
(2) Pothier, *loc. cit.*, n° 54.

vembre 1639, qui ne fait, du reste, qu'appliquer ici les principes généraux introduits en matière de preuve par l'Ordonnance de Moulins de février 1566.

2° *Clause pénale.* — L'obligation aux dommages-intérêts de la partie lésée étant reconnue par la loi civile, sous l'influence des principes canoniques, cette obligation pouvait-elle être réglementée par avance dans le contrat des fiançailles au moyen d'une clause pénale? L'affirmative n'est point douteuse, mais elle ne pouvait être et ne fut pas effectivement admise sans restriction et d'une manière absolue, à cause du respect nécessaire de la liberté du consentement au mariage qui devait toujours rester entière. Aussi, la Novelle 18 de Léon, qui autorisait les clauses pénales sans aucune gêne, ne fut jamais reçue en France; elle n'était, du reste, pas insérée dans le *Corpus juris* de Justinien et fut introduite, mais dans un sens contraire à celui que lui avait donné son auteur, dans le *Corpus juris canonici* (1). La clause pénale ne pouvait jamais, en droit, avoir pour effet d'entraver la liberté de dissolution des fiançailles par la fixation d'une somme excessive et elle était nulle à ce point de vue : elle pouvait seulement fixer par avance les dommages-intérêts à payer en réparation du préjudice réel causé par cette dissolution ; de sorte que le juge avait toujours le droit d'apprécier l'étendue de ce préjudice et de réduire à son montant le chiffre fixé par la convention. La clause pénale était permise, mais toujours réductible à la valeur exacte du préjudice causé (2).

(1) Ch. 17 et 29 *Extrav.*, *de Sponsalib.*

(2) Pothier, *l. c.*, n° 44. — Ferrière, *Dictionnaire de Pratique*, V^is Promesses de mariage et stipulation pénale faute d'épouser. — Pour l'application de cette réductibilité aux obligations ordinaires, voir la discussion de nos anciens auteurs rapportée par Pothier (Oblig., n° 345). Dumoulin (*De eo quod interest*, n°s 159 et suiv.), et après lui Pothier,

3° *Arrhes, cadeaux et présents de noces, donations en faveur du mariage.* — Le même souci de la liberté des contractants en vue du mariage avait conduit à décider la
validité des arrhes données, et leur restitution ou leur
perte pour la partie coupable de la rupture, mais avec cette
restriction que ces arrhes ne fussent pas trop considérables, eu égard à la qualité et aux facultés des parties et ne
fussent pas de beaucoup supérieures au chiffre des dommages-intérêts dus à raison de cette rupture. « Lorsque
» ces arrhes sont considérables, dit Pothier, et qu'elles
» excèdent de beaucoup la somme à laquelle pourraient
» être réglés les dommages-intérêts résultant de l'inexé-
» cution des promesses du mariage, la partie qui les a
» données et qui refuse, sans aucun juste sujet, d'accom-
» plir son engagement, ne laisse pas d'en avoir la répé-
» tition, sous la déduction seulement de la somme à
» laquelle le juge doit régler les dommages-intérêts dus
» à la partie qui les a reçus, pour l'inexécution des pro-
» messes du mariage. C'est ce qui a été jugé par un arrêt
» du 20 août 1680, rapporté au 2ᵉ tome du *Journal du*
» *Palais.* La raison est qu'étant d'une extrême impor-
» tance pour le bien de la société civile, que les mariages
» soient parfaitement libres, une partie ne doit pas être
» mise dans la nécessité de contracter un mariage contre
» son gré, par la crainte de souffrir une trop grosse perte,
» si elle refusait d'accomplir les promesses pour l'exécu-
» tion desquelles elle a donné des arrhes trop considé-
» rables » (1).

l. c., admettaient d'une manière générale le pouvoir des juges de réduire
la peine excessive acceptée par le débiteur dans la clause pénale, de
sorte que ce pouvoir de réduction reconnu pour les clauses pénales des
fiancés n'avait rien d'exceptionnel. L'avis de Pothier et Dumoulin a été
repoussé par l'article 1152, C. civ.

(1) Pothier, *l. c.,* n° 43.

Dans notre ancienne jurisprudence, la condition *si nuptiœ sequantur* était toujours sous-entendue dans les donations faites entre fiancés, suivant la règle posée par Constantin dans la L. 15, C., *de Donat ante nuptias*, 5, 3, de sorte qu'elles étaient non avenues par la rupture du mariage et que le donateur rentrait immédiatement dans ses droits par la défaillance de la condition (1).

Quant aux cadeaux et présents d'usage, à ce que l'on appelait les bagues et joyaux, la restitution en était toujours due par la partie qui renonçait au mariage. Mais si la rupture était causée par le refus du donateur, celui-ci perdait les cadeaux qu'il avait faits; « car en ce cas, dit » Pothier, le donateur ayant été mis en demeure d'ac- » complir la condition, elle doit passer pour accomplie » vis-à-vis de lui, selon la règle de droit : *In omnibus* » *causis pro facto id accipitur, quoties per aliquem mora fit,* » *quominus fiat* » (2).

4° *Dot.* — Dans notre ancienne jurisprudence, on avait rejeté le principe romain que la propriété de la dot passe au mari sous le régime dotal, et si, sous le régime de la communauté, le mari est seigneur et maître de la communauté et considéré comme acquérant la propriété des biens tombés du chef de sa femme dans l'actif commun, ses droits ne peuvent jamais prendre naissance avant le mariage (3). Donc les corps certains faisant partie de la dot constituée à la future femme, s'ils sont livrés au fiancé avant la célébration du mariage, continuent d'appartenir à la femme,

---

(1) Cf, Pothier, *de la Communauté*, n° 47.

(2) L. 39, D., *de Reg. jur.*, 50, 17. Pothier, *l. c.*, n° 46 ; *adde* Ferrière, *Dictionn. de pratique*, V^is Bagues et joyaux et présents de noces. Bacquet, *Traité des Droits de justice*, ch. 21, n° 334. Ces derniers citent des arrêts en ce sens, et Ferrière renvoie, pour cette citation de jurisprudence ancienne, à Brodeau sur Louet, lettre F, ch. 18.

(3) Pothier, *Traité de la Communauté*, n° 23.

tant que l'union n'est pas consommée et, en cas de rupture, celle-ci a, pour les reprendre, l'action en revendication qui la met à l'abri de tous actes consentis sur ces
biens. Mais lorsque ces biens consistent en choses fongibles ou qui se consomment par l'usage, notamment en
sommes d'argent, la femme n'a contre son futur mari
qu'une simple créance en restitution : elle est également
créancière, à raison des dégradations et autres actes qui
ont pu engager la responsabilité du futur mari. Comme garantie contre l'insolvabilité de son débiteur, on accordait
à la fiancée, dans les pays de droit écrit, le *privilegium
inter personales actiones*, que les lois romaines reconnais-
saient à la fiancée ; mais on lui refusait toute hypothèque
légale, faveur de la loi attachée seulement à la célébration du mariage, qui fixait sa date, et dans le seul Parlement où l'on eût admis l'hypothèque privilégiée créée par
Justinien par la loi *Assiduis*, le Parlement de Toulouse, ce
privilège était également refusé à la simple fiancée (1).

La fiancée était donc primée par les créanciers hypothécaires de son futur mari ; mais le principe général
admis par notre ancienne jurisprudence, que tout acte
notarié emporte hypothèque conventionnelle tacite à sa
date sur tous les biens du débiteur, venait ici au secours
de la fiancée qui, ayant dressé un contrat de mariage notarié, acquérait ainsi dès ce jour une hypothèque conventionnelle tacite pour toutes les dettes de restitution dont
pourrait être tenu le futur mari à raison des biens constitués.

Remarquons, en terminant, que la règle protectrice du
Droit romain qui frappait d'inaliénabilité les biens dotaux

(1) Cf. Despeisses : *OEuvres*, t. I, partie 1re, titre 15, sect. 3, n° 57,
p. 523. — De Cambolas : *Décisions notables sur diverses questions de
Droit jugées par le Parlement de Toulouse*, liv. V, chap. 17, p. 355.

'même avant le mariage, au profit de la fiancée, n'était pas ici nécessaire à raison des règles différentes de notre ancienne jurisprudence sur la propriété de la dot; tandis qu'en Droit romain, la dot devenant la propriété du futur mari dès l'instant de la constitution, il y avait lieu de protéger la fiancée par une inaliénabilité anticipée contre les actes abusifs de ce futur mari, au contraire, dans notre ancien Droit, la dot restait la propriété de la femme, et cette protection devenait inutile.

SECTION II. — Célébration du mariage.

Notre ancienne jurisprudence, à la différence du Droit romain, admettait plusieurs sortes de régimes matrimoniaux différents, à raison desquels les fraudes réalisées entre la rédaction du contrat de mariage et la célébration du mariage pouvaient elles-mêmes varier. Nous allons les parcourir et indiquer les moyens employés pour les empêcher, en étudiant successivement les deux principaux de ces régimes : le régime de communauté, le droit commun des pays de coutume, et le régime dotal en usage dans les pays de droit écrit.

§ 1er. Régime de communauté.

La situation respective des époux doit être fixée au moment de la célébration du mariage, et c'est à cette époque que l'on déterminera les biens qui constitueront l'actif commun et ceux qui, au contraire, resteront propres aux époux ; c'est là une conséquence et une application de la règle qui fait commencer au jour du mariage seulement la communauté.

Mais il résulte de là la possibilité de fraudes assez graves, modifiant la situation que les parties avaient au moment de la rédaction du contrat de mariage, changeant les conditions pécuniaires que les futurs époux et leurs parents avaient acceptées et moyennant lesquelles ils avaient consenti à se promettre mariage ou à l'autoriser.

Tout changement secret est une atteinte grave aux droits des futurs époux et de la famille, souvent fort préjudiciable à leurs intérêts. Supposons, en effet, que l'un des futurs conjoints dont la fortune était entièrement mobilière lors du contrat de mariage, convertisse et immobilise cette fortune en vendant ses meubles et achetant des immeubles après le contrat de mariage, mais avant la célébration du mariage ; si l'on appliquait à la rigueur la règle précédente, l'autre époux se trouverait considérablement frustré dans ses justes espérances : lui et sa famille n'ont peut-être consenti à l'union projetée qu'à raison de l'avantage pécuniaire considérable que leur présentait cette fortune mobilière ; si l'immobilisation qui va rendre propre ce qui devait être commun était maintenue, l'avantage disparaîtrait et le consentement au mariage serait surpris. Aussi avait-on décidé, pour réprimer cette fraude, que l'immobilisation serait non avenue et que les immeubles acquis ainsi tomberaient, par exception, dans la communauté ; cependant ce point était controversé et cette solution empruntée aux arrêtés de Lamoignon (1).

« Il ne doit pas néanmoins être permis à l'un des conjoints, » nous dit Pothier, de changer de nature en fraude de » l'autre conjoint, les biens qu'il avait lors du contrat de » mariage, qui étaient de nature à entrer dans cette com- » munauté, en aliénant les biens meubles et en acquérant » des immeubles à la place ; car les parties, lors du con- » trat de mariage, en ne s'expliquant pas sur les choses » qui composeraient leur communauté, sont censées être

(1) *Arrêtés de Lamoignon,* tit. 32, art 12.

» tacitement convenues qu'elle sera composée des choses
» que chacune d'elles avait alors, qui étaient de nature à
» y entrer. C'est pourquoi les immeubles dans lesquels
» l'un des conjoints a, dans le temps intermédiaire, con-
» verti les biens mobiliers, quoique acquis par lui avant
» la communauté, doivent y entrer, comme tenant lieu
» des biens mobiliers qu'il avait lors du contrat de ma-
» riage, qui devaient y entrer, et sur lesquels l'autre con-
» joint avait droit de compter » (1).

L'hypothèse inverse de mobilisation avant le mariage
d'une fortune immobilière lors du contrat de mariage,
présente un cas analogue de changement indirect aux
conventions matrimoniales et à la situation pécuniaire
d'après laquelle les époux et leurs familles avaient arrêté
le projet d'union. Mais ici, loin d'éprouver un préjudice
de ce changement, l'autre époux en retire, au contraire,
un avantage, puisqu'une fortune qui devait rester propre
à son conjoint, deviendra commune entre eux.

L'on n'aperçoit pas dès lors immédiatement l'intérêt de
déroger encore, pour ce cas, à la règle générale qui fixe
au moment de la célébration du mariage seulement les
droits de la communauté. Cependant le besoin de protection existe au profit du conjoint qui a mobilisé sa
fortune et au profit de sa famille : cette mobilisation
constituant un avantage pour l'autre époux, n'est au
fonds qu'une donation entre futurs conjoints faite après
le contrat de mariage, et contrairement aux prévisions
de ce contrat.

N'est-il pas dès lors à craindre que cette manœuvre
secrète ne soit le produit d'une passion violente et irré-
fléchie, de manœuvres, d'influence exagérée et de pres-
sions excessives exercées par l'un des futurs époux sur

(1) Pothier, *Traité de la Communauté*, n° 281.

l'esprit de l'autre? La loi, craignant ces entraînements regrettables, a entouré la confection du contrat de mariage de garanties et de solennités, notamment l'assistance de la famille, et elle ne pouvait permettre de modifier par dessous mains les conventions arrêtées avec cette bienfaisante assistance : les modifications, les contre-lettres au contrat de mariage doivent être faites au grand jour et avec les mêmes garanties que le contrat lui-même (1). Dès lors la modification indirecte apportée aux conventions matrimoniales par la mobilisation de la fortune d'un des conjoints, ne devait pas être plus autorisée que la précédente. C'est encore ce que nous apprend Pothier : « Si l'un des conjoints avait, pendant le temps
» intermédiaire, converti en mobilier les immeubles qu'il
» avait lors de son contrat de mariage, dans le dessein
» de faire entrer ce mobilier dans la communauté, et
» d'avantager par ce moyen l'autre conjoint, ce mobilier
» en doit être exclu : sans cela, ce serait un avantage
» qu'il ferait à l'autre conjoint dans un temps prohibé. —
» Il est bien permis à des futurs conjoints de se faire,
» avant le mariage, tous les avantages qu'ils jugent à
» propos de se faire; mais il ne leur est pas permis de
» s'en faire secrètement dans le temps intermédiaire du
» contrat de mariage. L'affectation qu'ils ont eue de les
» dissimuler lors de leur contrat de mariage, fait présu-
» mer qu'ils sont dictés par la passion, puisqu'ils ont
» honte de les faire. C'est la raison pour laquelle les Cou-
» tumes déclarent nulles toutes contre-lettres aux con-
» trats de mariage (2).
» Supposons, dit-il plus loin, que deux futurs con-
» joints, par leur contrat de mariage, ont stipulé qu'ils

(1) Art. 258, Coutume de Paris. — Art. 223, Coutume d'Orléans.
(2) Pothier, *Traité de la Communauté*, n° 281.

» seraient communs, conformément à la coutume. L'un
» d'eux, dans le temps intermédiaire du contrat et de
» la célébration du mariage, a vendu ses héritages dans
» la vue d'avantager l'autre conjoint, en faisant entrer
» dans la communauté, au temps de la célébration, qui
» est le temps auquel elle commence, tout le mobilier
» qu'il se trouvait avoir alors, dans lequel il a converti
» ses héritages, qui ne seraient pas entrés en la commu-
» nauté s'il ne les eût pas vendus. Dans ce cas, quoique
» les héritages de ce conjoint aient été aliénés avant que
» la communauté ait commencé, ce conjoint ou ses hé-
» ritiers doivent avoir la reprise du prix qui en est depuis
» entré en la communauté lorsqu'elle a commencé. La
» raison est que des futurs conjoints peuvent bien se faire
» tels avantages que bon leur semble par leur contrat de
» mariage; mais dans le temps intermédiaire entre le
» contrat et la célébration, il ne leur est plus permis d'en
» changer les conditions et de se faire aucun avantage,
» ni direct, ni indirect, à l'insu et sans le gré de leurs
» parents qui y ont assisté. C'est pour cette raison que les
» Coutumes de Paris, art. 258, et d'Orléans, art. 223, dé-
» clarent nulles toutes les contre-lettres faites à part et
» hors la présence des parents qui ont assisté au contrat
» de mariage. Or, la vente que ce conjoint a faite de
» ses héritages dans un temps intermédiaire entre le con-
» trat et la célébration, est un avantage qu'il a voulu
» faire, dans un temps prohibé, à l'autre conjoint, en fai-
» sant entrer dans la communauté le mobilier dans lequel
» il a converti ses héritages qui ne devaient pas y entrer.
» On doit donc, pour empêcher cet avantage, lui accor-
» der, et à ses héritiers, la reprise du prix dudit héritage
» qui est entré en la communauté » (1).

(1) Pothier, *l. c.*, n° 603.

On le voit, dans le régime de communauté et relativement aux modifications apportées, dans ce temps intermédiaire, à la nature des biens composant l'actif de chacun des époux, le désir et la nécessité de réprimer leurs
fraudes réciproques avaient conduit à faire fictivement, à
ce point de vue, remonter le commencement du régime
matrimonial et la fixation de la situation pécuniaire respective du contractant, au jour même du contrat de mariage.

§ 2. Régime dotal.

La femme conserve, dans les principes de notre ancienne jurisprudence, différente en ce point du Droit romain, la propriété de ses biens dotaux. Si la dot apportée
par elle est remise à son fiancé avant le mariage, elle n'a
pas à redouter de lui des abus de pouvoirs : c'est le futur
mari qui, au contraire, peut être victime de la fraude par
l'aliénation, l'engagement hypothécaire des biens promis
ou les dettes chirographaires exécutoires sur ces biens
contractés par la fiancée avant la célébration de l'union.
La rétroactivité de l'inaliénabilité dotale au jour du contrat de mariage serait donc désirable pour protéger le
mari, d'autant mieux que la publicité des aliénations et
constitutions hypothécaires n'était pas organisée dans
notre ancienne législation, et que rien ne pouvait faire
soupçonner la fraude à celui qui allait en être victime.

Cependant la règle généralement adoptée paraît ne
faire remonter qu'au jour du mariage l'inaliénabilité, et
laisser la liberté d'action la plus entière à la femme dans
l'intervalle du temps qui sépare la rédaction des conventions matrimoniales et la célébration du mariage. Quelques Coutumes isolées avaient toutefois fait exceptionnellement remonter l'inaliénabilité au jour de la constitution

de dot : telles étaient la Coutume d'Auvergne et celle d'Artois. *Art.* 1er, *ch. XIV de la Coutume d'Auvergne* : « Les » mari et femme, conjointement ou séparément, constant » le mariage *ou fiançailles*, ne peuvent vendre, aliéner, » permuter, ni autrement disposer des biens dotaux de » ladite femme, au préjudice d'icelle; et sont telles dispo- » sitions et aliénations, nulles et de nul effet et valeur, » et ne sont validées par serment. »

Mais, comme le fait remarquer le commentateur de cette Coutume, Chabrol (1), cette assimilation de la fiancée à la femme mariée n'est que l'application, inusitée de son temps, d'un principe tombé lui-même en désuétude qui mettait la femme en puissance du mari dès les fiançailles : « Femme mariée ou *fiancée* est en la puissance de son » mari ou *fiancé*, excepté quant aux biens adventifs ou » paraphernaux, desquels elle est réputée mère de fa- » mille et dame de ses droits » (2). Quant à la Coutume d'Artois, elle contenait une dérogation semblable au droit commun : « La femme, *dès qu'elle est fiancée*, ne peut con- » tracter ni disposer de ses biens, par testament ni autre- » ment, sans l'autorisation de *son fiancé* » (3). On voit encore là l'application du même principe mettant la femme en puissance dès l'instant de ses fiançailles. Quelques ju- risconsultes approuvaient cette incapacité anticipée (4).

(1) Coutumes de la province d'Auvergne, II, p. 192, 221 et 222, 15e question.

(2) Art. 1er de la Coutume d'Auvergne.

(3) Art. 87 de la 2e publication de 1543, et art. 200 de la réformation de cette Coutume en 1735.

(4) Cf. Choppin, sur Paris, liv. II, tit. I, n° 15, p. 132. — Charondas, sur la Coutume de Paris, art. 227, t. Ier, p. 167, qui rapporte et ap- prouve un arrêt du 17 décembre 1562 en faveur d'un nommé Leblond, déclarant nulle une aliénation faite par la femme, après les fiançailles, sans l'autorisation du mari.

Enfin Albert, dans ses *Arrêts du Parlement de Toulouse*, lettre V, ch. 6, pp. 559 et 560, rapporte une décision assez singulière et qui, se basant sur la Loi 4, D., *de Fundo dotali*, 23, 5, fait une application remarquable de la rétroactivité de l'inaliénabilité dotale au jour des fiançailles : « Marie Puilhon, âgée de 25 ans, ayant passé contrat de » mariage avec Bernard Mayeul, lui avait donné pouvoir » dans ce contrat de vendre les biens qu'elle s'était cons- » titués. Mayeul, avant le mariage, les avait vendus à un » nommé Gimac, apothicaire du lieu de Marciac, et la » fiancée avait ratifié la vente ; mais Mayeul ayant dissipé » l'argent, s'en était allé à l'armée après le mariage. Cette » femme, demandant la cassation de cette vente, suivant » la loi Julia, *de Fundo dotali*, qui s'étend, suivant ses pro- » pres termes, au fiancé, la Cour, en la première des » enquêtes, au rapport de M. d'Aliez, le 3 septembre 1642, » confirma la sentence de cassation de la vente, sauf à » Gimac son recours sur les biens de Mayeul. Il est vrai » que Gimac produisait un attestatoire pour preuve que la » femme jouissait des biens du mari. Mais outre que cet » attestatoire était contesté, sous prétexte que cette jouis- » sance dont elle avait besoin pour vivre, elle ne devait » pas perdre son droit, d'autant qu'elle offrait de les » abandonner.

» Mais il n'en est pas de même lorsque la vente des » biens constitués en dot a été aliénée par la fiancée, » même avant le mariage. La raison en est, qu'outre qu'en » tel cas elle vient contre son propre fait, la loi Julia ne » parle que du fiancé, non de la fiancée. C'est pourquoi, » en la même chambre, au rapport de M. de Richard, » le 13 février 1645, en la cause de Corville contre Fau- » gouse, il fut jugé qu'une telle vente était légitime. »

Sauf ces rares exceptions, la rétroactivité de l'inaliénabilité au jour des fiançailles n'était pas admise en général par notre ancienne jurisprudence au profit du futur mari, qui se trouvait ainsi exposé aux agissements frauduleux de sa fiancée. L'intérêt des tiers de bonne foi et ignorant le projet de mariage avait probablement paru supérieur à celui du futur mari.

§ 3. *Protection de la femme contre les actes passés par le mari après le contrat de mariage, et avant la célébration du mariage.*

La femme peut avoir, à son tour, à souffrir de la mauvaise foi de son mari, si celui-ci a, dans l'intervalle de temps qui s'écoule entre la signature du contrat de mariage et la célébration du mariage, diminué les sûretés hypothécaires sur lesquelles la femme comptait pour assurer la restitution de sa dot et l'exécution des avantages stipulés à son profit. Ces diminutions peuvent résulter de constitutions hypothécaires consenties par le mari sur ses immeubles ou d'aliénation de ces mêmes biens. Si les droits hypothécaires de la femme ne prennent naissance qu'au jour même du mariage, elle se trouvera primée par les créanciers du mari et n'aura aucune action contre les tiers acquéreurs des immeubles sur la garantie desquels elle comptait.

Les principes de droit commun admis par notre ancienne législation en matière hypothécaire vinrent ici au secours de la femme. De la règle générale que tout acte notarié portant création ou reconnaissance d'une obligation engendre de plein droit une hypothèque tacite générale sur tous les immeubles du débiteur, il résulte que le contrat de mariage rédigé par devant notaire donnait à la femme, pour garantie de ses créances futures contre son mari, une hypothèque générale tacite prenant date du jour même de la rédaction de ce contrat et la garantissant contre les agissements postérieurs de son futur mari ; celui-ci ne put

aliéner ses biens ou les grever de droits réels que sauf
respect des droits préférables et antérieurs de la femme.
La date de l'hypothèque légale de la femme ne se trouvait
reportée au jour même de la célébration du mariage que
s'il n'avait pas été rédigé de contrat, c'est-à-dire que dans
le cas où la femme n'avait pas de droits antérieurs à sauvegarder (1).

Le cas seul de contrat de mariage rédigé par acte
sous seing privé pouvait donner lieu à quelques difficultés relativement à la date de l'hypothèque appartenant
à la femme. Cette forme était reconnue comme valable,
par notre ancienne jurisprudence, au moins pour le cas
où la femme se constituait à elle-même sa dot (2);
mais à raison de la facilité d'antidate, on avait dû se
préoccuper de l'intérêt des tiers et les protéger contre les
fraudes de la femme voulant abuser contre eux de l'anté-
riorité de son hypothèque. La solution donnée à cette
question par la plupart des Parlements, sauf quelques
rares dissidences signalées par Tessier (3), assignait à l'hypothèque de la femme, comme date, le jour où l'acte privé
constatant les conventions matrimoniales avait reçu date
certaine, soit par son approbation, ratification, relation
dans un acte notarié, soit par le décès de l'un des signa-
taires, quoique ces évènements fussent antérieurs à la
célébration du mariage.

La femme se trouvait donc, dans notre ancienne juris-

---

(1) Sur ces divers points : Pothier, *De la Communauté*, nᵒˢ 610 et
611, 763 à 768. — Guy Coquille, *Coutume de Nivernais*, ch. 23, art. 18,
t. II, p. 228 ; *Questions et réponses sur les articles de la Coutume*,
quest. 124, t. II. p. 206. — Roussilhe, *De la Dot*, t. I, nᵒˢ 282 et 286.
— Merlin, *Rép.*, Vᵒ Hypothèque, sect. 1, § 8, nᵒ 5. — Tessier, *De la
Dot*, II, note 1093, pp. 298 et suiv.

(2) Sur ce point : Tessier, *De la Dot*, I, note 53.

(3) *Traité de la Dot*, I, note 53.

prudence, efficacement protégée contre les actes du mari
antérieurs à la célébration du mariage tendant à lui enlever ses garanties. Mais là s'arrêtait la protection, et
tous les Parlements, sauf un seul, celui de Toulouse,
avaient repoussé la faveur exagérée de Justinien dans la
constitution *Assiduis*, l'hypothèque privilégiée sacrifiant
à la femme les créanciers du mari même antérieurs à la
rédaction du contrat de mariage : on avait estimé avec
raison qu'il n'y avait pas lieu de protéger la femme contre
elle-même et contre sa propre négligence à s'informer de
la situation hypothécaire de son futur mari. Aussi tous
les juristes étaient-ils d'accord pour blâmer le Parlement
de Toulouse d'avoir admis dans son ressort le privilège de
la loi *Assiduis*, et montraient l'inutilité pour la femme et
le danger pour les tiers de cette protection exagérée :
« Je ne puis m'empêcher, dit un des membres de ce Par-
» lement (1), de faire ici une remarque au sujet du privi-
» lège singulier accordé aux femmes par la loi *Assiduis*,
» de pouvoir vaincre et dénoncer, dans l'ordre des hypo-
» thèques, les créanciers antérieurs du mari, qu'il serait
» à souhaiter que ce Parlement se conformât à la pratique
» des autres Parlements qui se régissent par le droit
» écrit, et où cette loi est néanmoins sans vigueur,
» puisque les femmes y sont rangées du jour et date de
» leur contrat de mariage. Cette loi, en effet, est une
» source de procès et une occasion à la plupart d'exercer
» leur mauvaise foi envers leurs créanciers ; elle est une
» source de procès, en ce qu'elle donne lieu aux distri-
» butions ruineuses que l'on voit pendantes dans les tri-
» bunaux, et qui se perpétuent dans les familles, par les

---

(1) De Catellan, conseiller au Parlement de Toulouse, *Observations
sur les arrêts remarquables de ce Parlement*, tome II, livre IV, ch. 33,
et p. 37.

» saisies générales qu'un mari fait faire à sa femme pour
» mettre toute sa fortune à couvert contre ses créanciers
» antérieurs au contrat de mariage; et par ce privilège
» singulier de préférence que la loi donne à la dot sur
» eux, elle devient l'occasion des fraudes et des trompe-
» ries que les maris mettent en usage contre leurs créan-
» ciers, non-seulement en faisant des reconnaissances
» feintes et simulées d'une dot qu'ils n'ont pas reçue,
» mais en ôtant les moyens à leurs créanciers de pouvoir
» user de la voie de la dénonce à leur future épouse (1),
» par la précipitation avec laquelle ils passent du contrat
» des fiançailles à la célébration du mariage avec dis-
» pense de bans; en sorte qu'un créancier, quelque vi-
» gilant qu'il soit, est toujours surpris à cette occasion et
» se voit sans ressources pour son paiement. La femme
» n'aurait point à se plaindre si elle était rangée selon
» le droit commun par la date de son contrat; et les
» créanciers, au contraire, ont lieu de regarder ce privi-
» lège de la loi *Assiduis* comme inique et dérogeant à la
» protection que la loi doit au commerce des contrats. »

—

Il ressort de cette rapide étude de notre ancienne jurisprudence, que l'on n'avait pas hésité, pour protéger les
fiancés contre leurs fraudes réciproques, à faire rétroagir
au jour de la rédaction du contrat de mariage les effets du
régime adopté, et à fixer ainsi, dès cette époque, leur
situation respective. Pour le régime dotal seul, et à raison
du danger considérable qu'on aurait ainsi fait courir à
des tiers placés dans l'impossibilité de se renseigner uti-
lement, on avait généralement reculé devant la rétroac-

(1) Les créanciers pouvaient éviter d'être primés par le privilège de
la femme, en lui dénonçant, par acte public, leurs créances avant le
mariage.

tivité de l'inaliénabilité et l'on ne la faisait dater que du
jour où ces tiers pouvaient à la rigueur connaître, à
raison de sa publicité particulière, le jour même de la
célébration du mariage. Enfin, si pour ses garanties hypothécaires contre son mari, la femme prenait rang du
jour du contrat de mariage, et si l'on n'avait pas craint,
en ce cas, de frapper les tiers également ignorants, il faut
en accuser seulement le système général de notre ancien
Droit en matière hypothécaire, et ne voir là que la simple
application de cette règle générale qui attache à tout acte
notarié inconnu des tiers une hypothèque générale, tacite
et occulte.

CHAPITRE III.

Législation actuelle du Code civil.

Le Code civil garde le silence le plus absolu sur les
fiançailles et les promesses de mariage; il n'en parle ni
pour les autoriser et les réglementer, ni pour les prohiber
et les déclarer inefficaces au point de vue d'un lien civil.
Cependant, si les lois sécularisées de notre siècle ont
abandonné toutes les cérémonies qui accompagnaient autrefois les fiançailles, la signature du contrat de mariage
marque, dans la période antérieure au mariage, une époque certaine qui fait naître des droits éventuels ; dès ce
moment les intérêts pécuniaires des futurs époux sont exposés, d'une manière plus ou moins large, aux actes de
mauvaise foi de l'un ou de l'autre, et peuvent être compromis par des fraudes dont l'étude historique précédente
nous a déjà montré le caractère. De plus, indépendamment de toute rédaction d'un contrat, une promesse de
mariage peut être échangée entre deux personnes et
accompagnée de dépenses, souvent considérables, en vue

4

des préparatifs de l'union projetée, de cadeaux et présents d'usage, de donations plus ou moins importantes : une rupture survenant fait naître une foule d'intérêts pécuniaires et moraux et soulève des questions importantes, mais délicates. Comment toutes ces difficultés ont-elles été réglementées par notre Code civil? Ses rédacteurs, qui ont emprunté presque toutes leurs dispositions au Droit romain et au Droit coutumier, ont-ils, en cette matière, reproduit les dispositions protectrices de ces deux législations? les ont-ils même complétées dans leurs lacunes? Ou bien, au contraire, ont-ils abandonné les fiancés à leur mauvaise foi réciproque, laissant à leurs soins personnels, à l'initiative et à la vigilance individuelles la charge de se protéger mutuellement par une défiance peu en harmonie, du reste, avec la confiance et l'abandon si désirables pour préparer une union solide et durable des âmes ?

C'est ce que nous montrera l'étude de notre législation civile, pour laquelle nous suivrons la division précédemment adoptée.

SECTION Ire. — Rupture de la promesse de mariage.

Le Code civil garde, disions-nous plus haut, le silence le plus complet sur les promesses de mariage : il n'en est question nulle part, ni au point de vue de leur formation, ni à celui de leur validité et de leurs conséquences juridiques. Cependant, ces promesses sont fréquentes en pratique, comme le démontre le nombre considérable de décisions judiciaires intervenues depuis 1804 sur leur effet obligatoire et les conséquences de leur inexécution. Ce silence, explicable par la sécularisation complète du mariage au point de vue de la loi civile, laisse donc les promesses de mariage réglées par le droit commun au point de vue de leur validité, de leurs effets, de leur formation et de leur preuve.

Mais quel est ce droit commun? Comment interpréter le silence du Code? Dans le sens de la validité et de l'effet obligatoire des promesses de mariage, considérées comme des obligations de faire se résolvant en dommages-intérêts (art. 1142)? — Ou, au contraire, dans le sens de l'inefficacité juridique, permettant ainsi de s'en dégager impunément sans encourir aucune responsabilité?

Cette question délicate divise les jurisconsultes et a fait un moment hésiter la jurisprudence. Cependant, elle est généralement résolue par la doctrine (et la jurisprudence paraît aujourd'hui définitivement consacrer cette solution) dans le sens de la nullité de la promesse, mais de la responsabilité civile de celui qui rompt sans motifs légitimes, à la légère et par pur caprice, l'engagement moral, le projet qu'il avait accepté en vue du mariage futur. Cette opinion mixte, que nous adopterons également, paraît d'abord contradictoire, mais se justifie parfaitement d'après les principes généraux, ainsi que nous allons le voir après avoir exposé et combattu l'opinion contraire de la validité et de l'efficacité civile des promesses de mariage.

La validité des promesses de mariage, considérées comme obligations de faire se résolvant en dommages-intérêts en cas d'inexécution, et légitimant l'addition d'une clause pénale, fut soutenue très énergiquement, dans les premiers temps qui suivirent la rédaction du Code, par Merlin (1) et par Toullier (2), et consacrée par quelques arrêts (3). Les arguments fournis à l'appui sont,

(1) *Rép.*, v° Peine contractuelle, § 1, n° 3.

(2) VI, 193 à 202.

(3) Nîmes, 6 août 1806. Sir., 6, 2, 476. — Rouen, 18 fév. 1813. Sir., 13, 2, 224.

au premier abord, très séduisants et prennent pour point de départ le silence de la loi.

Le Code civil ne disant rien des promesses de mariage, ces promesses sont permises et valables, en vertu du principe incontestable que tout ce qui n'est pas défendu est permis, que la liberté des conventions est le droit commun, et qu'un texte formel est nécessaire pour restreindre cette liberté et autoriser ceux qui ont pris un engagement contractuel à n'y pas être fidèles. On ne saurait, du reste, trouver dans ces promesses de mariage que la loi n'a pas spécialement interdites, aucun des vices qui frappent les contrats de nullité : la seule cause de réprobation qu'on puisse y chercher serait un objet et une cause illicite, ces promesses déclarées valables ayant pour effet de lier par avance les futurs époux et de les forcer à contracter le mariage promis sous une sanction pécuniaire dont la menace les rendra fidèles à leur parole. Mais comment déclarer illicite une convention qui a précisément pour objet de pousser au mariage, de favoriser l'union légitime ? L'on objecte que la liberté du consentement, qui est de l'essence du mariage, est gênée, restreinte et que l'atteinte qui y est ainsi portée rend la promesse illicite. Mais, d'une part, lors de l'engagement réciproque qui liera les futurs époux, ceux-ci ne sont-ils pas absolument libres de leur choix, et s'ils se marient plus tard, en exécution de leurs promesses réciproques, ne peut-on pas dire qu'ils ont été libres et que leur volonté n'a été gênée en rien lorsqu'ils ont consenti à se promettre mariage ? Du reste, rien ne pourra les contraindre directement à s'unir malgré eux, et, quoique s'étant promis mariage, ils restent encore libres de ne pas le contracter, sauf les responsabilités qu'ils encourent pour avoir été infidèles à leur parole. D'autre part, n'est-on pas aujourd'hui généralement d'accord pour reconnaître valables et licites, c'est-à-dire parfaitement

obligatoires, les conditions, les charges ajoutées à des
donations et des legs, et portant obligation, pour le bénéficiaire, de se marier et même de se marier avec une personne désignée par le disposant (1)? Or il est évident
que, dans cette hypothèse, la liberté nécessaire au mariage est bien plus compromise que dans les promesses
d'union volontairement contractées et acceptées : en effet,
le bénéficiaire est dans l'alternative ou de perdre le bénéfice d'une disposition souvent importante, ou d'épouser
une personne qu'il n'a pas choisie, qui lui est désignée
par le disposant en dehors peut-être de toutes ses convenances personnelles. Si cependant l'inexécution pour lui
du mariage déterminé lui fait perdre la donation et le legs
et lui impose un sacrifice pécuniaire peut-être considérable, à plus forte raison doit-on déclarer valable et obligatoire une promesse de mariage librement consentie,
dans laquelle le choix des contractants futurs époux a été
absolument libre et éclairé, qui ne s'est formé que par
leur seule volonté et d'après leurs convenances réciproques. Ces promesses doivent être proclamées valables et
obligatoires par le même motif qui a fait admettre l'efficacité de la condition d'épouser une personne désignée
par le donateur ou testateur, à savoir que les unes et les
autres favorisent le mariage loin de l'entraver, et ont un
but louable loin d'être illicite. — Enfin, il serait immoral
de permettre de rompre impunément, sans motifs et par
pur caprice, ces promesses qui sont souvent l'instrument
trop facile de la séduction : de telle sorte qu'en les pro-
clamant nulles et inefficaces, on favoriserait la mauvaise
foi, la fraude, l'abus de la confiance dans tout ce qui
touche aux biens les plus sacrés et les plus fragiles, l'honneur et la réputation.

(1) Dans ce sens, Aubry et Rau, § 692, texte et note 15. — Demol.,
XVIII, 252. — Lyon, 27 mars 1868. Sir., 68, 2, 307; *Pal.*, 68, 1141.

Le silence du Code conduit les auteurs que nous venons de citer à proclamer la validité des promesses de mariage : ce même silence leur sert à déterminer les règles auxquelles doivent obéir ces promesses, les dispositions de la loi qui règlent leurs effets. — Ces promesses ne sont autres que des obligations de faire ordinaires, obligation contractée de donner son consentement au mariage. On doit donc leur appliquer le principe de l'art. 1142 C. civ. : l'exécution directe ne pouvant être exigée, l'obligation se résoudra en dommages-intérêts en cas d'inexécution ; ces dommages-intérêts seront fixés par le juge, d'après le préjudice, tant moral que matériel, éprouvé par la victime de cette inexécution. Enfin, pour éviter toute difficulté ultérieure, les parties, en contractant la promesse, peuvent garantir son exécution par une clause pénale fixant à forfait le *quantum* des dommages-intérêts dus pour inexécution, le chiffre de la somme à payer pour le dédit du mariage ; de telle sorte que la partie qui sera victime de ce dédit puisse réclamer la somme fixée d'un commun accord, sans avoir à justifier d'aucun préjudice et sans que le juge puisse en réduire le chiffre comme excédant les limites du préjudice effectivement éprouvé et constaté (art. 1152 C. civ.).

Malgré la forte argumentation sur laquelle s'appuie l'opinion que nous venons d'exposer, elle n'a pas prévalu et ne pouvait prévaloir sans danger pour la liberté nécessaire au mariage, sans exposer les futurs époux à des surprises, à des fraudes regrettables pour l'honorabilité et le bonheur de leur union. Leur permettre, en effet, de se lier par une clause pénale dont ils fixeraient à forfait le chiffre, serait mettre souvent l'une des parties à l'entière discrétion de l'autre dans des circonstances qui ne permettent pas toujours une libre discussion à armes égales ; ce serait faire du mariage, qui doit surtout être l'union des âmes, un marché d'argent dans lequel les garanties que la loi a prises ailleurs contre les surprises et l'oppression feraient défaut. La partie qui, confiante dans les bonnes apparences d'une union séduisante, aurait accepté l'engagement avec clause pénale, n'aurait plus la liberté entière de se dédire lorsqu'elle aura acquis la preuve que la réalité est loin de répondre aux apparences ; elle ne pourrait se retirer qu'en s'imposant un sacrifice pécuniaire quelquefois considérable, de nature à la faire hésiter et à lui faire accepter quelquefois une union mal assortie et partant malheureuse. Tous les législateurs l'ont si bien compris, que notre ancienne jurisprudence elle-même qui, sous l'influence canonique, déclarait valables et obligatoires les promesses de mariage, n'autorisait pas cependant des clauses pénales exagérées et les réduisait toujours aux dommages-intérêts arbitrés par le juge, eu égard au préjudice causé par une rupture sans motif.

Aussi, la doctrine et la jurisprudence se prononcent-elles aujourd'hui sans aucune hésitation pour la nullité, l'inefficacité obligatoire des promesses de mariage et, par suite, déclarent nulles et sans effet les clauses pénales qui peuvent y être jointes (1).

Les promesses de mariage sont nulles et inefficaces au point de vue civil et ne créent qu'un simple engagement moral, n'obligent que dans le for intérieur, dans le do-

---

(1) Aubry et Rau, § 454, note 26. — Demol., III, 28 à 32. — Laurent, II, 304 et suiv. — Civ. rej., 24 décembre 1814. Sir., 15, 1, 159. — Ch. réun. rej., 7 mai 1836. Sir., 36, 1, 574 — Civ. rej., 30 mai 1838. Sir., 38, 1, 492 ; Pal., 38, 1, 664.— Civ. cass., 11 juin 1838. Sir., 38, 1, 494 ; Pal., 38, 1, 663. — Douai, 3 décembre 1853. Sir., 54, 2, 193 ; Pal., 54, 2, 370. — Caen, 6 mars, 24 avril, 6 juin 1850. Montpellier, 10 mai 1851 ; Pal., 52, 2, 536. — Nîmes, 29 novembre 1827. Dalloz, Rép., v⁰ Mariage, n⁰ 90 7⁰.

maine de la conscience, tout comme dans la législation
romaine, par application des principes généraux des articles 1131 et 1133 C. civ., comme contraires aux bonnes
mœurs et à l'ordre public ; par suite, et comme conséquence nécessaire résultant de l'article 1227, la clause
pénale qui y est jointe tombe avec elle. Il est, en effet, de
l'essence du mariage que les contractants jouissent, au moment de sa célébration, de leur liberté la plus complète, et
cette liberté, ils ne sauraient l'aliéner par un acte antérieur ; à ce point de vue, comme sous bien d'autres rapports, le mariage est régi par des règles toutes spéciales
et l'on ne saurait lui appliquer le droit commun des conventions ordinaires, notamment celles relatives aux promesses de contracter. Les futurs époux doivent conserver,
jusqu'au moment où ils répondent à la question solennelle
posée par l'officier de l'état civil, leur liberté de choix
entière entre l'acceptation et le refus de l'union projetée :
les unions contraintes, les mariages forcés sont une source
de désordres et d'immoralités. Tous les actes destinés à
restreindre ou à supprimer cette liberté, doivent être considérés comme attentatoires à l'ordre public et aux bonnes
mœurs, et si le législateur ne les a pas qualifiés tels, c'est
qu'il n'a pas voulu, de crainte d'être incomplet, caracté-
riser et énumérer les actes contraires aux lois et aux bonnes
mœurs, laissant aux interprètes de la loi et au juge le
soin de les déterminer eux-mêmes d'après les circonstances. C'est donc au juge qu'il appartient de déclarer
attentatoires à l'ordre public et prohibées par la loi les
promesses de mariage, en s'inspirant du caractère du mariage lui-même et du but de ces promesses telles que
nous les envisageons, c'est-à-dire au point de vue de l'intention des contractants de se lier, d'aliéner la liberté
d'option entre le oui et le non qu'ils auront à répondre à
l'officier de l'état civil. Or, il est bien certain que la me-

nace d'une condamnation pécuniaire, d'une clause pénale
à encourir pour le seul fait de l'inexécution de la promesse,
de la rupture du projet d'union, sera souvent suffisante
pour enlever la liberté dont nous parlons, pour faire
hésiter entre le sacrifice pécuniaire et une union mal
assortie et faire quelquefois pencher la balance du côté de
l'acceptation à regret de cette union, résultat déplorable
et qu'on ne saurait tolérer. On objecte, dans l'opinion
contraire, que les contractants ont joui de leur entière
liberté lorsqu'ils ont échangé leurs promesses, que le
consentement n'étant entaché d'aucun vice doit les lier,
que s'ils se sont réciproquement promis mariage, c'est que
l'union leur convenait et que la loi et la justice ne sauraient se prêter aux caprices, aux fraudes des parties.
Mais cette objection n'est nullement concluante à l'égard
du mariage qu'on ne saurait législativement transformer
en marché, en affaire d'argent : le mariage est l'union
des âmes, comme l'a dit le Premier Consul, et il faut qu'il
y ait convenance réciproque entre ces deux âmes au
moment où elles s'unissent. Or, s'il est vrai que les convenances sont réputées exister lors des promesses échangées,
n'est-il pas vrai qu'elles peuvent avoir disparu au moment
où le mariage va être célébré? que l'étude respective que
les deux parties ont fait de leur caractère, de leurs quali-
tés, de leur conduite, après la promesse conclue, a pu
modifier leur première impression et leurs volontés ; que
les renseignements ignorés au moment où elles se sont
promis mariage et recueillis depuis, peuvent rendre l'union
impossible? Il y aurait donc immoralité à exiger, malgré
tout, l'accomplissement de cette union désormais mal
assortie ; or, n'est-ce pas l'exiger que punir d'une sanction
pécuniaire le refus de l'accomplir? Quant à l'argument
tiré de ce que la promesse de mariage, loin d'être réprouvée,
doit être considérée comme essentiellement morale, parce

qu'elle pousse au mariage, qu'elle favorise une union légitime, et à l'exemple pris des charges et conditions de se marier mises à une disposition à titre gratuit, il n'est pas davantage concluant. En effet, d'une part, la situation est loin d'être identique et la menace qui restreint la liberté du mariage est loin d'être également forte dans les deux cas ; il y a entre les deux hypothèses toute la distance de la perte au manque de gain : dans la promesse de mariage, c'est une perte effective qui menace celui qui refuse de l'accomplir ; dans la disposition gratuite à charge d'épouser une personne déterminée, c'est seulement un manque de gain, et l'on comprend que la liberté de se décider reste à peu près entière en présence de ce manque d'enrichissement, tandis qu'elle éprouve une atteinte sérieuse de la perte réelle, de la diminution du patrimoine. L'on comprend, du reste, qu'on doive laisser au donateur ou testateur une assez grande latitude pour les charges qu'il veut imposer à sa disposition : il aurait pu ne pas donner, il est donc tout naturel qu'il puisse faire la loi au bénéficiaire, sauf à celui-ci à choisir entre l'accomplissement de ces conditions et l'enrichissement ou le refus du gain pour ne pas subir cette loi. D'autre part, enfin, les auteurs sont loin d'être d'accord pour admettre la validité de la condition d'épouser une personne désignée par le disposant. Si tout le monde admet la possibilité, pour un donateur ou testateur, d'imposer à celui qu'il gratifie l'obligation de se marier, d'une manière générale, sans désignation de la personne à épouser, ce qui laisse entière la liberté du choix pour le mariage, il n'en est pas ainsi pour le cas où le disposant désigne individuellement la personne qu'il désire voir épouser par le bénéficiaire. Certains voient là une telle restriction à la liberté essentielle au mariage, qu'ils considèrent cette condition comme contraire aux bonnes mœurs et tombant sous l'application de l'article 900 (1). On ne peut donc argumenter d'une solution contestée et, quel que soit le parti que l'on adopte sur ce dernier point, il restera toujours entre les deux situations la différence profonde que nous avons signalée entre l'appauvrissement et le manque de gain.

Les promesses de mariage sont donc inefficaces en droit civil, non obligatoires d'après la loi positive, et les parties peuvent s'en dédire sans encourir aucune responsabilité pécuniaire résultant de l'inexécution du contrat.

Cependant faut-il pousser jusqu'à ses dernières limites cette théorie de l'impunité du dédit et admettre que celui qui ayant accepté un projet d'union convenable, ayant autorisé les dépenses souvent considérables faites en vue de l'accomplissement du mariage, se retire par simple caprice et sans motifs, ne sera pas tenu de réparer le préjudice qu'il cause ainsi par sa faute, sa légèreté, son imprudence ? Outre ce préjudice pécuniaire, un préjudice moral grave peut être produit pour la jeune fille que les assiduités et le brusque abandon auront pu compromettre aux yeux du monde et dont l'établissement devient désormais plus difficile. Enfin, que dire des auteurs de séduction qui, après avoir satisfait leur coupable passion, grâce à la promesse de mariage dont ils avaient fait entrevoir l'espérance à leur victime, laissent celle-ci à jamais déshonorée ?

Il est incontestable qu'il y a là, *a priori*, une source certaine et nécessaire de responsabilité, et les tribunaux, fréquemment saisis de pareilles demandes, se trouvaient en présence d'une situation réclamant aide et secours pour les victimes de fraudes pareilles ; les juges ne pou-

(1) Laurent, XI, 499. — Cour royale de Corse, 2 juin 1828. — Rej. 13 mai 1813. Dalloz, v° Disposition, n°s 136 et 141.

vaient, sans blesser la conscience publique et le sens général de l'équité, refuser leur assistance et la condamnation de ceux qui se montrent ainsi infidèles à leur parole. Aussi n'ont-ils pas hésité à prononcer des condamnations à des dommages-intérêts pour réparer le préjudice tant moral que matériel causé par une rupture non justifiée et n'ayant pour mobile qu'un pur caprice ou une mauvaise passion (1). Cette jurisprudence, aujourd'hui constante, est approuvée par tous les auteurs modernes qui admettent avec elle la nullité et l'inefficacité des promesses de mariage.

Mais comment cette responsabilité, cette sanction pécuniaire destinée à empêcher la rupture arbitraire d'une promesse de mariage, peut-elle se concilier avec la nullité, l'inefficacité civile de cette promesse non obligatoire? Tous les arrêts répondent à cette difficulté par l'application des art. 1382 et 1383. Ce n'est pas pour inexécution de la promesse que la condamnation à des dommages-intérêts sera prononcée, mais pour délit ou quasi-délit civil consistant dans une fraude, une faute, une négligence ou légèreté ayant porté préjudice à autrui. D'où la double nécessité de la part de celui qui réclame des dommages-intérêts de prouver : 1° la faute, la négligence, l'absence de tout motif de rupture; 2° l'existence d'un préjudice moral ou pécuniaire : faute de quoi il sera débouté de sa demande (2).

(1) Caen, 24 avril 1850, 6 juin 1850; P., 52, 2, 537. — Nîmes, 2 janvier 1855; P., 55, 1, 297. — Toulouse, 28 novembre 1864; Bordeaux, 14 décembre 1864; Paris, 19 janvier 1865; Rouen, 24 février 1865; P., 65, 88. — Paris, 16 décembre 1874; P., 75, 471. — Req. rej., 16 janvier 1877; P., 77, 401. — Tribun. civ. de Troyes, 7 décembre 1881; Gaz. du Pal., 1881-82, t. Ier, p 157. — Tribun. civ. de Lille, 10 mars 1882; Gaz. du Pal., 81-82, t. Ier, p. 577.

(2) Civ. rej., 21 décembre 1804. — Civ. rej., 30 mai 1838; P., 38, 1, 661. — Civ. cass., 11 juin 1838; P., 38, 1, 663. — Paris, 16 décembre 1874; P., 75, 471.

Cependant cette conciliation assez délicate de deux solutions absolument opposées mérite de retenir un instant notre attention, car elle pourrait être combattue par des objections très fortes et presque décisives.

En effet, comme on le faisait remarquer dans le pourvoi à la suite duquel a été rendu l'arrêt de rejet du 16 janvier 1877, sur un rapport remarquable de M. le conseiller Onofrio, il est difficile d'admettre que le simple fait d'une rupture sans motifs et non justifiée, soit suffisant pour autoriser une condamnation à des dommages-intérêts, en présence de l'inexistence juridique de la promesse de mariage et par conséquent du droit reconnu par la loi de ne pas accomplir cette promesse. Il faut tout d'abord éviter avec soin une confusion entre des hypothèses cependant bien distinctes. Lorsque des faits illicites seront joints à la promesse de mariage ou à la rupture, tels que : une séduction suivie de grossesse (1), un abus ds confiance en obtenant le mariage à l'église seulement (2), des injures ou une diffamation accompagnant la rupture, la responsabilité de l'auteur de la rupture est incontestable et ne saurait être douteuse; elle découle, non du simple fait de la rupture, mais des faits illicites dont nous parlons et qui constituent par eux-mêmes des délits civils. Au contraire, lorsque la rupture sera due purement et simplement à un changement de volonté, un pur caprice et que la promesse de mariage aura été échangée loyalement, en dehors de toute manœuvre frauduleuse, il semble que ce changement de volonté soit licite, quoique non justifié, et ne puisse être considéré comme un délit ou quasi-délit

---

(1) Colmar, 31 décembre 1863 ; *P.*, 65, 730. Sir., 6?, 2, 169. — Tribunal civil de Lille, 10 mars 1882; *Gaz. du Pal.*, 81-82, t. Ier, p. 577.

(2) Bastia, 3 février 1834. Sir., 34, 2, 335.

civil entraînant une responsabilité pécuniaire. La promesse de mariage est par elle-même non obligatoire civilement, inefficace et considérée comme inexistante par la
loi positive : elle ne constitue qu'un simple engagement
d'honneur, et pour la loi civile elle peut être assimilée à
la promesse sous la condition purement protestative *si
voluero*, déclarée nulle par l'art. 1174. Les fiancés, en se
promettant mariage, se promettent en réalité de s'épouser
au jour qui sera ultérieurement fixé, *si cela leur convient à
cette époque*. Ils peuvent, dès lors, se retirer sans motifs
autres que leurs propres convenances, sans aucune justi-
fication, par pur caprice, puisque rien ne les lie l'un à
l'autre. Le dédit est pour eux un droit reconnu par la loi
et un droit auquel ils ne sauraient renoncer. Donc, lorsqu'ils en usent et rompent la promesse échangée, ils ne
commettent aucune faute civile répréhensible, en vertu
du principe incontestable que l'on ne commet jamais de
faute en usant d'un droit propre : *Nemo damnum facit qui
id facit quod facere jus habet*. Les art. 1382 et 1383 ne
peuvent les atteindre, car pour leur application deux conditions sont nécessaires : le préjudice causé à autrui ne
suffit pas ; il faut encore la faute de celui qui le cause. Le
préjudice causé par la simple rupture sans motifs est un
préjudice légal et ne saurait obliger son auteur à le réparer. Du reste, il a pu et dû être prévu par la partie qui
l'a éprouvé et rester par conséquent à sa charge. Avertie
à l'avance que la promesse de mariage ne produit aucun
lien et qu'une rupture est toujours imminente, elle a
accepté, à ses risques et périls, la situation qui lui était
faite, elle a dû prendre pour ce qu'il valait l'engagement
d'honneur contracté envers elle, et a dû savoir que les
dépenses et les avances qu'elle faisait pouvaient rester à
sa charge : elle ne peut donc se plaindre, le droit de dédit
étant, du reste, parfaitement égal de part et d'autre :

Volenti non fit injuria. Enfin, l'obligation de payer des dommages-intérêts à raison de la rupture non justifiée, rendrait indirectement la promesse de mariage obligatoire, puisqu'elle punirait le dédit pur et simple qui est un droit légal résultant de l'absence de tout lien ; la menace d'une réparation pécuniaire entraverait la liberté des contractants que la loi veut maintenir entière en vue du mariage, et l'on ne saurait concilier ces deux idées contradictoires : exercice d'un droit de dédit reconnu par la loi, et punition à raison des conséquences préjudicielles résultant de cet exercice. La législation romaine doit nous servir ici d'exemple : déniant tout caractère obligatoire aux promesses de mariage, elle n'admettait ni clause pénale ni obligation éventuelle à des dommages-intérêts pour inexécution de cette promesse.

Cette forte argumentation n'a pu convaincre la Cour de cassation qui, conformément aux conclusions du conseiller-rapporteur et de l'avocat général, a persisté dans sa jurisprudence constante et déclaré légitime la condamnation aux dommages-intérêts pour rupture, sans motifs, d'une promesse de mariage.

Il faut bien remarquer, du reste, que les tribunaux ont toujours admis le droit au dédit lorsqu'il est basé sur un motif quelconque, tels que renseignements nouveaux inconnus lors de l'échange des promesses et modifiant la situation, les convenances morales et pécuniaires de l'un des contractants ou de sa famille : « Considérant, dit la
» Cour de Paris dans son arrêt du 16 décembre 1874 (1),
» que, sans nul doute, les simples promesses de mariage
» ne peuvent point, à l'égal d'un contrat, lier, enchaîner
» la liberté, soit des futurs conjoints, soit, en cas de
» minorité, la liberté des ascendants sous l'autorité de

_____

(1) P., 75, 471.

» qui ils vivent; qu'il convient de proclamer que jus-
» ques à la dernière heure, il appartient souveraine-
» ment au père de famille, gardien des intérêts, de la
» bonne renommée et du bonheur des siens, de dénouer
» l'alliance promise, s'il le juge nécessaire, *et lorsqu'il est*
» *survenu un fait, un incident imprévu et grave, touchant à*
» *l'honneur et à la dignité des personnes, ou de nature à*
» *compromettre l'avenir des futurs époux et de la famille,*
» *alors que ce fait eût certainement empêché l'échange des*
» *promesses s'il se fût plus tôt révélé; que dès qu'un juste*
» *sujet de dégager sa parole s'impose à sa décision, le père*
» *de famille agit dans la plénitude d'un droit inattaquable*
» *et sacré, et qu'il n'a point à faire indemne l'autre partie*
» *alors qu'il n'a été ni négligent, ni imprudent, ni en faute*
» *envers elle.* Mais considérant que dans la cause il n'ap-
» paraît pas qu'aucun juste sujet de dédit se soit inopiné-
» ment révélé à Belloc, etc... »

Toutes les décisions judiciaires prononçant des condamnations à des dommages-intérêts, sont intervenues
dans des espèces où aucun motif de dédit n'apparaissait,
où la situation morale, pécuniaire des futurs époux et de
leurs familles n'ayant pas changé, la rupture était produite
par pur caprice et sans raison, par suite d'une inconstance
ou mobilité fâcheuse de caractère, de faiblesse, hésitation
qui ont engagé dans une promesse celui qui n'ayant pu
résister, n'avait cependant pas su encore prendre une décision définitive (nous laissons, bien entendu, de côté,
comme ne pouvant faire de doute, ainsi que nous l'avons
dit plus haut, les cas de fraude avérée où l'intention ma-
licieuse de compromettre l'honneur et la réputation d'une
jeune fille, d'induire une famille en dépenses considérables et devenues inutiles par la rupture, est prouvée). Il
est certain que dans les espèces dont nous parlons, il y a,
sinon un délit civil et manœuvres frauduleuses avérées

et coupables, au moins une imprudence, une négligence, une insouciance et une apathie répréhensibles et qui doivent entraîner la responsabilité du préjudice causé (art. 1383). Certes, le défaut de liens des promesses échangées est incontestable ; il en est de même du droit de dédit et de refus du mariage. Mais ce n'est pas dans l'inexécution de ces promesses et dans l'exercice du droit de dédit que la jurisprudence a trouvé la source des dommages-intérêts ; elle la puise dans le quasi-délit dont nous parlons, dans l'imprudence coupable qui consiste à induire une famille ou une personne en dépenses considérables, démarches pénibles et coûteuses, à rendre ces dépenses inutiles et frustratoires, à porter atteinte à l'honneur et à la réputation d'une personne, par une rupture brusque et imprévue qui, malgré l'absence de tout motif, n'en laisse pas moins dans l'opinion publique des traces fâcheuses, quelquefois ineffaçables et souvent très préjudiciables. Il y a là une faute évidente qu'on ne saurait confondre avec l'exercice d'un droit : le droit consistant à se dédire lorsque des raisons de dédit existent ; la faute consistant, au contraire, à rompre sans aucun motif, par légèreté ou inconstance, des engagements qui, bien que moraux et d'honneur, ont induit en dépenses, démarches, etc., en sorte que la rupture cause un préjudice pécuniaire ou moral dont l'auteur doit réparation. Il n'y a là aucune atteinte portée à la liberté du mariage ; car malgré la promesse échangée, chacune des parties conserve le droit absolu de dédit et n'encourt à ce seul titre, pour le seul fait de l'inexécution de la promesse, aucune responsabilité civile : « Attendu, dit la Cour de cassation dans son » arrêt du 11 juin 1838 (1), rendu par la chambre civile, » que le seul fait de l'inexécution d'un mariage projeté

(1) *Pal.*, 38, 1, 663.

» ne peut, par lui-même, motiver une condamnation à
» des dommages-intérêts, puisque ce serait, sous une
» nouvelle forme, porter atteinte à la liberté du mariage;
» que c'est néanmoins sur ce seul fondement, que l'arrêt
» attaqué a prononcé la condamnation de dommages-
» intérêts dont il s'agit, en quoi ledit arrêt a encore ex-
» pressément violé la loi..... Casse. »

La condamnation aux dommages-intérêts est uniquement basée sur la faute, l'imprudence, le quasi-délit qui
consiste, après avoir induit en dépenses ou compromis
la réputation par un engagement d'honneur, à rompre
brusquement et sans motifs cet engagement et à causer
ainsi un préjudice pécuniaire ou moral. « Attendu, dit
» encore la Cour de cassation dans un autre arrêt de la
» chambre civile du 10 mai 1838 (1), que l'arrêt attaqué,
» en décidant que toute promesse de mariage est nulle
» en soi, comme portant atteinte à la liberté illimitée qui
» doit exister dans les mariages, n'a fait que proclamer
» un principe d'ordre public et qui, soit avant, soit de-
» puis la promulgation du Code civil, a toujours été con-
» sacré par la jurisprudence ; — attendu que, sans porter
» atteinte à ce principe, l'arrêt attaqué a pu décider que
» l'inexécution de semblables promesses pouvait, dans de
» certaines circonstances, donner lieu à des actions en
» dommages-intérêts, lorsque cette inexécution avait
» causé un préjudice réel, parce que, dans ce cas, l'action
» en dommages-intérêts ne prend pas sa source dans la
» validité de la promesse de mariage, mais dans le fait
» du préjudice causé et de l'obligation imposée par la loi
» à celui qui en est l'auteur de le réparer... Rejette. »

Les procès sont, en pratique, fréquemment compliqués
de questions de preuve, et leur issue certaine en droit pur

(1) *Pal.*, 38. 1, 661.

est souvent fort compromise par la nécessité et la difficulté d'établir le bien fondé des moyens. Cette question
de preuve s'élève ici et offre même en droit certains
doutes. Par quels moyens celui qui se prétend lésé par
une promesse de mariage suivie de rupture sera-t-il admis
à prouver en justice cette promesse dont la rupture sans
motifs est la base de sa prétention? La preuve testimoniale sera-t-elle de plein droit admissible, en vertu de
l'art. 1348 1°, parce que la demande se fonde sur un délit
ou quasi-délit? Ou bien, au contraire, peut-on soutenir
que la promesse de mariage ayant pu être constatée par
écrit, l'exception de l'art. 1348, basée sur l'impossibilité
de se procurer un écrit, ne saurait être invoquée et qu'on
rentre dans le droit commun de l'art. 1341; que par
conséquent cette promesse, source première de la prétention, ne peut être établie d'emblée par témoins? Ces
deux opinions ont en leur faveur des autorités imposan-
tes : M. Demolombe (III, 33), pour l'admissibilité de la
preuve testimoniale; M. Laurent (II, 310) et deux arrêts,
l'un de la Cour de Paris du 19 janvier 1865 (1), l'autre,
de la Cour de Rennes du 11 avril 1866 (2), pour la
nécessité d'un écrit. Entre ces deux opinions, il est
donc permis d'hésiter. Cependant, il nous paraît plus
conforme à la théorie de la jurisprudence que nous avons
exposée et admise, de se contenter de la preuve testimoniale. En effet, le droit aux dommages-intérêts pour la
partie lésée par une rupture de mariage projeté n'est point
basé sur l'inexécution de la promesse destituée de toute
efficacité par la loi civile : elle repose uniquement sur le
fait d'avoir induit une personne, une famille en dépenses
inutiles et frustratoires d'avoir compromis leur réputation

(1) Pal., 65, 90.
(2) D., P. 66. 2. 184.

et leur situation dans le monde au point de vue de mariages futurs rendus plus difficiles, faits qui ne peuvent
être constatés que par témoignage; on ne saurait juridi-
quement exiger la production d'un écrit pour établir une
promesse de mariage qui n'a pas d'existence en droit et
qui, par conséquent, ne constitue qu'un simple fait. Du
reste, exiger la constatation écrite de ces promesses pour
donner droit à la réparation du préjudice causé par la
rupture, serait rendre cette réparation très difficile et très
rare en pratique, ces promesses n'étant, en général, contractées qu'oralement, comme les engagements d'honneur. L'admissibilité de la preuve testimoniale et de simples présomptions de fait est du reste reconnue pour le
cas où la responsabilité trouve sa source dans les faits
illicites ayant accompagné la promesse de mariage, par
exemple, la séduction (1). Il en doit être, selon nous, de
même dans le cas de simple rupture par caprice, sans
motifs, parce que la responsabilité réside encore dans le
fait d'avoir induit en dépenses ou porté atteinte à la réputation (2).

2° *Donations en faveur de mariage, cadeaux de noces, etc.*

---

(1) Cass., 24 mars 1845; P., 45, 2, 521. Sir., 45, 1, 539. — 26 juillet 1864 ; P., 65, 51. Sir., 65, 1, 33.

(2) Pendant que cette étude était sous presse, le *Droit* du 21 mars et
la *Gazette du Palais* du 26 avril 1884 ont publié un jugement du
tribunal de Loudun, rendu le 7 décembre 1883 contrairement aux conclusions du procureur de la République. Ce jugement relatif, il est vrai,
à un cas de séduction, adopte notre opinion sur l'admissibilité de la
preuve testimoniale pour la promesse de mariage. Il statue en ces
termes :

« Le Tribunal, en droit,

» Attendu que la promesse de mariage, suivie d'une séduction et de
l'abandon de la femme sans motif légitime, oblige l'auteur de la séduction à réparer le préjudice qu'il a causé, si la chute de la femme a été le
résultat de la promesse de mariage.

» En ce qui touche l'admissibilité de l'enquête sur le fait de la pro-

— La rupture du projet de mariage entraîne la résolution de tous les cadeaux, dons, faits en vue de l'union future : « Toute donation faite en faveur du mariage, sera caduque si le mariage ne s'en suit pas, » dit l'art. 1088 C. civ. Par conséquent, les transferts de propriété, promesses, délégations, cessions, remises de dettes faites dans ce but sont non avenus et les parties remises dans leur état antérieur. Toutes garanties leur sont donc données par notre législation, qui admet dans ses effets complets la condition

messe de mariage, en l'absence d'un commencement de preuve écrite ;

» Attendu que l'article 1341 Code civil, en exigeant une preuve écrite pour toutes choses excédant la somme ou valeur de 150 francs, donne aux parties l'option entre deux sortes d'actes, l'acte sous seing privé, d'une part, et d'autre part l'acte authentique, qui est le seul moyen offert à ceux qui ne savent ou ne peuvent écrire ;

» Que là où l'intervention de l'acte notarié est impossible, il semble difficile de maintenir la nécessité absolue d'une preuve écrite qui n'existerait qu'à l'égard des personnes lettrées ; or, tel est précisément le cas de la promesse de mariage, acte nul en lui-même et qui, à ce titre, ne peut être ni constaté ni rédigé par un officier public en la forme authentique ;

» Attendu, d'ailleurs, que l'acte sous seing privé qui constaterait une promesse de mariage serait également nul comme établissant un engagement que la loi ne reconnaît pas, et que l'on ne comprendrait ni l'utilité, ni l'exigence de la production en justice d'un tel écrit dépourvu de toute valeur légale ;

» Que cette solution est encore plus certaine au cas où cet écrit ne serait revêtu que de la signature d'un mineur ;

» Attendu, d'un autre côté, que la demande de dommages-intérêts formée par la fille séduite n'a pas pour base la promesse de mariage elle-même ;

» Qu'elle repose sur un ensemble de faits dolosifs, au nombre desquels la promesse ne figure que comme l'un des éléments de la faute commise par le séducteur ;

» Qu'il est inadmissible que la demanderesse, qui est recevable à établir par voie d'enquête le fait de la séduction et celui de l'abandon, ne puisse pas justifier de la même manière la promesse fallacieuse qui a été l'un des moyens employés pour vaincre sa résistance ;

» Qu'en réalité, la responsabilité du défendeur résultant non d'une

résolutoire expresse ou tacite. Les imprudents seuls seront
exposés, lorsqu'ils auront trop légèrement accordé un
crédit empressé. Mais la difficulté peut se présenter, en
pratique, de savoir quelles libéralités seront présumées
être faites en faveur du mariage, et si toutes les donations
seront censées telles par cela seul qu'elles auront lieu entre
fiancés. Nul doute pour les donations contenues dans le
contrat de mariage, qui est le projet de règlementation
pécuniaire en vue de l'union projetée et qui ne peut avoir

obligation contractuelle, mais d'un quasi-délit, tous les éléments consti-
tutifs de ce quasi-délit peuvent être prouvés par témoignages ;

» Attendu que décider autrement serait, dans bien des cas, alors surtout que le défendeur est illettré, répondre par un véritable déni de
justice à la réclamation de la femme abandonnée ;

» Attendu, il est vrai, que le juge ne doit, dans l'intérêt des mœurs
publiques et de la paix des familles, accueillir ces sortes de demandes
qu'avec une grande réserve et une grande prudence ;

« Mais que le plus souvent la situation ne peut être complètement
connue qu'après l'enquête ;

» Attendu qu'en pareille matière, la justice a deux écueils à éviter ;

» Que si elle doit refuser d'accorder une prime à la faiblesse et à l'in-
conduite de la femme qui s'est librement donnée, et écarter des récla-
mations fondées sur le scandale ou sur de honteuses spéculations, elle
doit, avec une égale sollicitude, consacrer la responsabilité de l'auteur
d'une séduction obtenue par des manœuvres coupables et de fallacieuses
promesses de mariage ;

» Qu'il y a lieu, à cet égard, de s'en remettre au pouvoir d'appréciation des tribunaux, qui sont tout d'abord appelés à se prononcer sur la
pertinence des faits articulés, et qui restent maîtres, après l'enquête,
d'examiner la portée des témoignages recueillis ;

» Attendu qu'il suit de ces principes que les faits cotés par Arnoux
ès-noms sont admissibles ;

» Attendu, en outre, qu'ils sont pertinents, qu'ils sont déniés, et que
le Tribunal ne possédant pas, quant à présent, les éléments nécessaires
pour statuer au fond, il y a lieu d'en ordonner la preuve ;

» **Par ces motifs,**

» **Avant de statuer au fond,** autorise à faire, par voie d'enquête ordinaire, la preuve des faits articulés....., etc. »

d'autre but (1). Mais la question devient plus douteuse pour les libéralités faites en dehors de cet acte, notamment pour les dons manuels : seront-elles présumées faite en faveur du mariage, sous la condition *si nuptiæ sequantur*, par cette seule circonstance qu'elles se produisent entre futurs époux, de telle sorte qu'elles seront résolues par la rupture de l'union promise ; ou bien, au contraire, seront-elles réputées être des donations ordinaires irrévocables, et la preuve de la condition résolutoire tacite de la rupture est-elle à la charge de la partie qui l'invoque ? La Cour de cassation de Naples a statué dans ce dernier sens par un arrêt du 13 août 1881 (2), dont voici les considérants : « Attendu que bien qu'il soit certain, d'après le
» Droit ancien et le Droit nouveau, que les donations
» faites entre futurs époux, en vue d'un prochain mariage,
» sont sans effet si le mariage ne se célèbre pas (L. 20, C.,
» *de Donat. ante nuptias* ; — LL. 21 et 68, D., *de Jure do-*
» *tium* ; — § 3, Inst., *de Donat.* ; — Art. 1068 C. civ. en
» vigueur), il y a néanmoins lieu de rechercher si ces
» donations ont été faites en considération du futur ma-
» riage ; que la condition tacite de résolution de la dona-
» tion subsiste, lorsqu'il est prouvé que cette donation a
» été faite en vue du futur mariage ; mais que la loi n'a
» établi sur ce point aucune présomption légale en vertu
» de laquelle toute donation. quelle qu'elle soit, par cela
» seul qu'elle est faite entre futurs époux avant le ma-
» riage, serait considérée comme faite en vue du ma-
» riage ; — Attendu que l'école et le prétoire s'accordent
» à admettre que les donations que se font les futurs

(1) Arg¹. art. 1541 : « Tout ce que la femme se constitue, ou qui lui est donné en contrat de mariage, est dotal s'il n'y a stipulation contraire »

(2) *Pal*, 82, 2, 44.

» époux dans le contrat nuptial, emportent la condition
» implicite de résolution pour le cas où le mariage ne se
» célèbre pas; mais que, pour les donations faites sans
» aucune autre déclaration corrélative, ou pour les pré-
» sents manuels qui ne résultent pas d'un autre écrit, il
» devient nécessaire de prouver que cette condition de
» résolution a été entendue; que, dès lors, ce point de-
» vient une question de pur fait, celle de savoir si la
» donation a été consentie en vue du mariage; — attendu
» qu'en conséquence il y a lieu de rejeter le premier
» moyen de pourvoi, par lequel on entendait soutenir
» que la loi établit une présomption de droit en vertu de
» laquelle toute donation, quelle qu'elle soit, doit être
» considérée comme consentie en vue du mariage, tandis
» qu'au contraire cette présomption et la condition tacite
» de restitution ne peuvent être maintenues, que s'il est
» constant que la donation a été faite en considération
» du mariage; que, dans l'espèce, la défenderesse ne nie
» pas avoir reçu les présents pendant qu'elle était fiancée
» au demandeur, qu'elle nie les avoir reçus en vue du
» mariage; rejette, etc... »

La Cour de cassation de Naples nous paraît avoir sai-
nement jugé : si les donations inscrites dans le contrat
de mariage sont légalement présumées faites en vue du
mariage, parce que le contrat qui les contient ne peut
exister sans mariage, il en est autrement des libéralités
faites en dehors de cet acte, parce qu'elles ont, aux yeux
de la loi, une existence propre qui peut se soutenir en
dehors de toute célébration de l'union projetée. Il ne reste
plus qu'une question de fait et non une question de droit
à élucider : celle de savoir si elles sont faites en vue du
mariage et soumises à la condition résolutoire tacite de
la rupture; et c'est à celui qui se prévaut de l'existence

de cette condition à l'établir, suivant les règles du droit
commun (1).

Du reste ces questions, que nous apprécions ici au point
de vue du droit pur et rigoureux, sont généralement
résolues à l'amiable par les parties elles-mêmes, et les
sentiments de délicatesse et d'honneur qu'une rupture
de mariage atteint si vivement, déterminent presque toujours la restitution spontanée des cadeaux, des *bagues*
et *joyaux*, comme disaient nos anciens, reçus en vue
de l'union manquée ; il est rare qu'une femme et une
famille aient le triste courage de conserver jusqu'à ce
qu'une décision judiciaire les leur arrache, les souvenirs
toujours pénibles d'un projet de mariage rompu. Sous la
réserve de ces observations, qui expliquent la rareté des
décisions judiciaires en cette matière, nous continuons
l'examen des conséquences juridiques de la rupture, au cas
où les tribunaux seraient appelés à en connaître.

Parmi les diverses donations qui précèdent le mariage,
celles qui composent ce qu'on appelle la *corbeille de mariage* méritent d'attirer un instant notre attention. Le futur
mari, qui la fournit toujours dans l'usage, peut la constituer de deux façons différentes : soit en donnant effectivement à sa fiancée la somme d'argent destinée aux achats,
soit en l'autorisant expressément ou tacitement à faire ces
achats, et prenant à sa charge personnelle les engagements qui vont en résulter au profit des fournisseurs.
Comment se liquidera la situation respective des deux
futurs époux relativement à cette corbeille de mariage, en
cas de rupture ? Si le futur mari n'a point donné la bourse
destinée aux achats et s'est borné à autoriser et prendre
à sa charge, par avance, les engagements en découlant,
sa situation doit être envisagée à un double point de vue,

(1) Laurent, XV, 168.

le futur mari se trouvant en rapport : 1° avec les tiers fournisseurs; 2° avec la fiancée. A l'égard des premiers, sa présence effective à l'achat ou tout au moins son mandat tacite, le lient irrévocablement et la rupture du mariage doit être, quant à eux, *res inter alios acta* dont ils ne peuvent souffrir; ils pourront donc, malgré cet événement, continuer à poursuivre leur acheteur, qui ne peut être présumé, à moins de clause contraire dont la preuve est à faire par celui qui l'invoque, avoir traité avec eux sous condition. A l'égard de la fiancée, le futur époux qui constitue la corbeille est dans les rapports de donateur à donataire, non des objets achetés qui resteront définitivement à la femme, mais des charges de l'achat : cette donation consistera en ce que le futur mari prend à son compte, gratuitement et sans recours contre sa fiancée, l'engagement résultant de l'achat, et au cas où elle serait elle-même liée envers les fournisseurs avec lesquels elle a directement traité, lui promet de la rendre indemne. Cette donation sera révoquée par la rupture comme toutes les donations en faveur du mariage, par application de l'art. 1088 C. civ.; en sorte que si le futur mari a payé de ses deniers les objets composant la corbeille, il pourra s'en faire rembourser par sa fiancée; et si, au contraire, celle-ci a payé les fournisseurs, le paiement en restera définitivement à sa charge. Il en sera ainsi, même au cas où la rupture émanerait du futur mari lui-même et engagerait sa responsabilité, sauf à tenir compte, dans la liquidation des dommages-intérêts à payer à la femme, des engagements contractés par elle et demeurés sans utilité par la faute du futur mari. Cette détermination juridique des rapports créés par la constitution de la corbeille de mariage, a été ainsi comprise par un arrêt intéressant de la Cour d'Aix, qui mérite d'être rapporté. Il n'a pas trait directement à notre hypothèse, car dans l'espèce jugée par cette cour le mariage avait été célébré ; mais cet arrêt précise nettement la situation juridique du mari et fait une distinction intéressante, en pratique, entre le *trousseau*, ordinairement acheté par la femme seule, et la *corbeille* donnée par le mari et généralement achetée de concert avec lui ou tout au moins sur son mandat.

Arrêt d'Aix du 27 avril 1865 (1) confirmant, par adoption des motifs, un jugement du tribunal de Draguignan du 11 mai 1864 : « Attendu, au fond, que la demande des » sieurs Pascal frères, Morençon et Cambié, de Marseille, » est basée sur des fournitures diverses par eux faites à » dame Etienne, épouse Marsang, à l'époque de son ma- » riage et antérieurement cependant audit mariage; que » la date des achats est certaine, car elle résulte des li- » vres de ces marchands, ce qui est aussi reconnu par les » époux Marsang; — Attendu que la majeure partie des » marchandises vendues ont dû constituer le *trousseau* de » la dame Marsang, trousseau évalué dans le contrat de » mariage reconnu par le mari, et constituant par suite une » créance de la femme sur lui (2); qu'il n'est pas justifié » que le mari soit intervenu personnellement dans l'achat » de ce trousseau, et que, par suite, il ne peut être tenu » sur ses biens personnels, et comme débiteur direct, du » montant des livraisons qui ont servi au trousseau de sa » future épouse; que c'est là une dette personnelle à la » femme, antérieure au mariage, à raison de laquelle les » créanciers pourraient bien exercer leurs droits, soit » sur la dot, soit sur les revenus dotaux, et ce par dispo- » sition de l'art. 1558 C. civ., mais qu'ils ne peuvent, à

(1) *Pal.*, 1866. 225.

(2) Si, comme dans l'espèce jugée, le mari donne le trousseau, cette créance de la femme sur lui serait résolue par la défaillance de la condi- tion résultant de la rupture du projet de mariage.

» raison de ce, obtenir de condamnation directe contre le
» mari en son nom personnel et comme obligé direct en-
» vers eux ; — Mais attendu qu'il résulte des factures pro-
» duites, que plusieurs articles de grande valeur ont dû
» constituer la *corbeille de mariage*, qui est toujours,
» dans l'usage, fournie par le mari ; que celui-ci étant
» militaire et ne pouvant acheter lui-même ces articles, il
» y a eu de sa part mandat tacite en faveur de la femme
» pour ces acquisitions, et qu'on doit dès lors considérer
» le prix de ces achats comme une dette personnelle au
» mari ; qui doit immédiatement payer les cadeaux que
» l'usage fait livrer à la future épouse ; — Attendu que
» dans cette catégorie doivent être compris : 1° le châle de
» l'Inde, au prix de 1,300 fr. ; 2° le châle carré, à 425 fr.,
» et une robe de velours de 445 fr., soit un total de
» 2,000 fr. au moins, qui se trouve aussi en rapport pro-
» portionnel, comme cadeau de corbeille, avec la dot
» constituée qui s'élève, trousseau compris, à la somme
» de 30,000 fr. ; — Attendu, dès lors, que pour cette valeur
» de 2,000 fr. le sieur Marsang peut être considéré comme
» débiteur personnel et solidaire envers les demandeurs ;
» condamne le sieur Marsang à payer aux demandeurs
» 2,000 fr. à valoir sur leur facture, comme s'appliquant
» à la corbeille de noces et dette personnelle de Marsang,
» et pour le surplus, et aussi pour le montant des factures
» des sieurs Pascal frères, leur réserve tous les droits,
» soit contre l'épouse, soit contre l'époux Marsang comme
» détenteur de la dot, pour les exercer ainsi qu'ils avise-
» ront, soit sur la dot, soit sur les revenus dotaux comme
» créanciers antérieurs au mariage et suivant les disposi-
» tions de l'art. 1558 C. civ. (1).

(1) Aix, 2e ch., Poilroux, prés.; Lescouvé, av.-gén.; de Séranon et
Bessat, av.

Lorsque, au contraire, le futur mari donne à la fiancée la bourse destinée à l'achat de la corbeille, la situation créée par la rupture est beaucoup plus simple : si la rupture émane de la fiancée, celle-ci sera tenue de rembourser la somme reçue, *condictione sine causa*, par suite de la défaillance de la condition mise à la donation ; si, au contraire, la rupture émane du futur mari, comme sa responsabilité est engagée et qu'il est passible de dommages-intérêts, les juges pourront dispenser, pour cette cause, la fiancée de rembourser la bourse reçue et condamner même, s'il y a lieu, l'auteur de la rupture à un supplément d'indemnité.

3° *Dot.* — Quant à la dot constituée en vue du mariage, elle suit le sort de ce mariage et se trouve toujours, en vue de sa qualité propre et de sa destination, soumise au sort de ce mariage. La constitution dotale est donc résolue et non avenue de plein droit par la rupture du projet d'union. Et comme, dans notre Droit français actuel, le futur mari ne devient pas propriétaire immédiat des biens dotaux ou n'en devient propriétaire que sous condition résolutoire, la femme ou le constituant a toujours la garantie souveraine, en cas de rupture, de la revendication des corps certains livrés avant l'accomplissement de la promesse de mariage ; mais pour les sommes d'argent et autres choses fongibles, ils n'ont qu'une simple créance en restitution dénuée de toute garantie légale particulière : mais les chances d'insolvabilité du futur mari peuvent être évitées, soit en ne lui livrant pas ces objets avant le mariage, soit en stipulant des garanties conventionnelles.

SECTION II. — Célébration du mariage

Les manœuvres frauduleuses dont l'un des fiancés a été victime de la part de l'autre, peuvent se réaliser soit dans le contrat de mariage lui-même, soit dans l'intervalle qui a séparé la signature de ce contrat de la célébration du mariage.

De là deux hypothèses distinctes à examiner successivement.

1re Hypothèse. — *Dol et fraude dans le contrat de mariage.*

Les éléments de ce dol sont aussi divers que l'imagination et l'habileté de ceux qui le commettent peuvent le comporter. Nous supposons que les manœuvres employées sont telles que, si elles ne s'étaient point produites, le contrat de mariage n'aurait pas été accepté et signé de l'autre partie : par exemple, par des artifices et autres fraudes parfaitement établis et caractérisés, l'un des futurs époux a fait naître la croyance à une fortune mobilière considérable, ce qui a déterminé l'adoption par l'autre conjoint d'un régime lui permettant de profiter de cette fortune prétendue, tel que communauté légale, expresse ou même tacite par un mariage sans contrat (art. 1393 et 1400 C. civ.), communauté d'acquêts ou avec ameublissement des immeubles ou même universelle ; on peut aller plus loin encore et, pour réaliser un projet qu'elle croit si brillant, la victime de cette odieuse machination peut consentir des donations, des gains de survie qualifiés de réciproques dans le contrat, mais qui ne coûteront rien à l'aventurier pour lequel rien n'est à perdre, mais tout à gagner : celui-ci peut déterminer la croyance à sa fortune prétendue par toutes sortes de manœuvres variant avec les espèces et dont la plus simple sera l'exhibition des titres et valeurs au porteur qu'il se sera fait prêter par quelque complice complaisant (1).

(1) Nous laissons de côté le cas de violence auquel s'étendraient, du reste, les développements qui vont suivre sur l'application possible

Le mariage une fois célébré, cette situation est-elle sans remède ou, au contraire, la loi prête-t-elle à la bonne foi ses armes pour confondre une pareille manœuvre ? Nous nous plaçons dans l'hypothèse où la victime n'a aucune imprudence à se reprocher, où la fraude est si bien organisée que rien n'a pu la déjouer avant la réalisation de l'union, et nous écartons par avance les objections de fait tirées d'une négligence, d'une insouciance répréhensible dont la partie trompée doit subir les conséquences.

Le remède à cette situation pleine d'intérêt ne peut se trouver que dans l'annulation des conventions matrimoniales pour lesquelles le consentement a été ainsi surpris et qui n'auraient pas été acceptées si le dol n'avait pas été pratiqué.

Ce remède est-il possible ? La loi permet-elle, une fois le mariage célébré, d'annuler les conventions matrimoniales entachées d'un vice semblable et de substituer au régime imposé par surprise un régime nouveau qui mette la victime de la fraude à l'abri d'une ruine certaine et qui arrache à son auteur l'odieux bénéfice qu'il espérait réaliser ?

Nous nous trouvons en présence d'une des plus grosses et des plus difficiles questions de droit civil que la loi a omis de résoudre directement : celle de savoir si les conventions matrimoniales sont soumises à toutes les règles du droit commun des conventions ordinaires auxquelles

---

du droit commun des vices de consentement aux conventions matrimoniales ; ce cas s'éloigne quelque peu de notre sujet et se présentera, du reste, rarement en fait. Ajoutons que la violence exercée sera presque toujours commune au contrat de mariage et au mariage lui-même, et en entraînant l'annulation de celui-ci, fera du même coup tomber le premier ; tandis qu'alors même que le dol serait commun à l'un et à l'autre, il ne saurait vicier le mariage, en sorte que la question de vice est exclusivement spéciale pour lui aux conventions matrimoniales.

la loi n'a point expressément dérogé, ou si, au contraire,
elles sont régies par des règles propres et spéciales qui,
même en cas de silence de la loi trop laconique, doivent
se déduire de la nature particulière de ces conventions?
Le Code civil a, par exemple, réglementé par des dispositions propres au contrat de mariage, les formes nécessaires pour habiliter le mineur à consentir des conventions
matrimoniales (art. 1398); mais il passe sous silence les
interdits, les prodigues; de là les controverses délicates
sur les conditions de leur capacité : est-ce le droit commun, est-ce, au contraire, une règle nouvelle créée pour
le contrat de mariage, *habilis ad nuptias habilis ad pacta
nuptialia*, qui les fixera? La même difficulté se présente
pour l'application du droit commun en matière de dol et
pour ses conséquences sur le contrat de mariage : l'annulation est-elle possible? quel sera le caractère de la nullité
et qui pourra s'en prévaloir? l'action en nullité est-elle
susceptible de s'éteindre, d'après les règles ordinaires, par
une ratification ou par la prescription? quand et comment
cette ratification et cette prescription seront-elles possibles? Enfin, et ce n'est pas la moindre difficulté, si l'on
admet que les conventions matrimoniales peuvent tomber
après la célébration du mariage, quel régime substituer à
celui adopté par les époux? Questions nombreuses que
l'absence de toute indication même indirecte de la loi
rend fort difficiles à résoudre et que les intérêts mis en jeu
rendent encore plus délicates, car l'on ne peut prendre un
parti sans en atteindre des plus respectables.

Si nous voulons réprimer la fraude et arracher à l'odieux
spéculateur qui a profané l'institution la plus sainte le
bénéfice obtenu à l'aide d'un abus de confiance que la
justice ne saurait tolérer, nous sommes immédiatement
arrêtés par les auteurs les plus autorisés, qui n'admettent
aucun vice de consentement en matière de contrat de ma-

riage, qui n'hésitent pas à écarter le dol par la raison qui l'a fait demeurer sans effet sur le mariage lui-même : *En fait de mariage, il trompe qui peut*, et en vertu de cette théorie générale qu'en matière de contrat de mariage, il n'y a et ne saurait y avoir de nullité relative, mais seulement une nullité absolue, d'ordre public ou, pour parler plus exactement et aller jusqu'au fond de leur pensée, l'inexistence pour défaut de formes, même en cas d'incapacité d'un mineur non régulièrement assisté. Le contrat de mariage est ou n'est pas : il n'est pas si toutes les solennités requises (et l'assistance nécessaire pour habiliter le mineur est considérée comme en faisant partie) n'ont pas été rigoureusement observés ; il est et doit être respecté sans réserves, il est à l'abri de toute attaque, lorsque ces conditions d'existence légale sont remplies ; on ne saurait admettre un contrat de mariage boiteux, irrégulier, ayant une existence incertaine, susceptible d'être maintenu ou détruit suivant l'intérêt de tel ou tel. Le contrat de mariage est irrévocable pendant le mariage (art. 1395), rien ne peut changer le régime adopté : ou ce régime n'a jamais été, c'est le néant, et la loi pourvoit alors à cette absence de contrat (art. 1393 et 1400) ; ou le régime existe, et alors il est définitif.

Nous voilà loin du droit commun et des vices particuliers et divers qui rendent incertaines les conventions ordinaires au profit de l'une seulement des parties intéressées ! Et cela, en vertu du seul article 1395 et de l'intérêt des tiers qui en a déterminé l'adoption. Il faut que la situation et la capacité des époux, si profondément modifiée par les régimes matrimoniaux, soient définitivement fixés au jour de la célébration du mariage : la moindre incertitude, la moindre modification à ces conventions pendant la durée du mariage, aurait les plus graves conséquences pour les tiers et se retournerait contre les époux

6

en diminuant leur crédit ; il suffit de supposer la substitution du régime dotal avec inaliénabilité ou même de la simple séparation de biens au régime de communauté, pour apercevoir immédiatement les inconvénients de pareils changements. Aussi la loi pose-t-elle comme principe absolu l'immutabilité du régime matrimonial et du contrat de mariage tout entier après la célébration ; elle assure autant que possible la publicité de ces conventions, surtout depuis le 10 juillet 1850 ; enfin, pour le seul changement nécessaire qu'elle admette pendant le mariage, la séparation de biens judiciaire, elle garantit les tiers contre toute surprise, par la publicité dont elle l'entoure. Admettre l'annulabilité relative du contrat de mariage pour dol au profit seulement de l'époux qui en a souffert, serait mettre le contrat à sa discrétion, et dans ses mains le sort des tiers ignorant l'annulation et le changement de régime qui en est résulté ; ce serait faire planer sur la situation des époux une incertitude désastreuse en opposition complète avec les sages précautions de la loi, et d'autant plus dangereuse que la durée en serait indéfinie, la prescription décennale de l'article 1304 ne pouvant y mettre fin pendant le mariage, puisque la prescription ne court point entre époux (art. 2253). L'article 1395 suffit à lui seul pour écarter toutes les nullités relatives qui ne seraient autres, en définitive, que des changements apportés pendant le mariage aux conventions matrimoniales par la volonté d'un seul des époux, imposés à l'autre, et sans aucune garantie de publicité pour les tiers ; à lui seul il suffit pour faire du contrat de mariage une convention à part échappant aux règles ordinaires des contrats ; il contient dans son texte une dérogation implicite, mais nécessaire, au droit commun des vices du consentement.

Cette théorie absolue et exclusive qui n'admet que l'inexistence pour défaut de solennité, dans laquelle on fait rentrer l'incapacité, en sorte que tout autre vice est impuis-

sant à compromettre le contrat de mariage, est celle de
M. Bertauld (1) ; elle fut également adoptée par le savant
et regretté M. Valette, dans une consultation par lui
donnée à l'occasion d'un procès célèbre, dont nous dirons
un mot tout à l'heure, et dans lequel le contrat de mariage
était directement attaqué pour dol (2). Elle paraît être
enfin celle de M. Demolombe qui, quoique n'ayant pas
encore publié son traité sur le contrat de mariage, fait au
moins pressentir sa théorie sur la question que nous examinons, à propos de l'influence sur les donations par contrat de mariage, de l'incapacité du mineur. Dans le t. XXIII
de son impérissable et précieux *Traité de Droit civil* (3),
l'éminent et savant doyen s'exprime ainsi : « Mais quel
« sera le sort de ces donations si, au contraire, le futur
» époux mineur qui les a faits n'a pas été assisté comme
» il devait l'être ? La nullité ne sera-t-elle que relative, ou
» sera-t-elle absolue ? Question délicate et controversée
» qui se rattache à une autre question plus générale, à
» savoir : si la nullité des conventions matrimoniales
» passées par le mineur, sans l'accomplissement des con-
» ditions prescrites par l'article 1398, est en effet seule-
» ment relative ou, au contraire, absolue ? Ce n'est pas ici
» le lieu de l'examiner avec les développements qu'elle
» comporte. Qu'il nous suffise d'annoncer que, suivant
» nous, *par dérogation aux règles du droit commun*, la
» nullité devrait être considérée comme absolue et non
» pas seulement comme relative. » Si l'on rapproche de

---

(1) *Questions pratiques sur le Code Napoléon*, I, p. 465, des Nullités
des contrats de mariage, *Revue critique*. 1862, XXI, pp. 195 et 196 ;
Id., 1865, XXVI, pp. 293 et suiv.

(2) *Mélanges de Droit, de Jurisprudence et de Législation*, par
Valette, recueillis et publiés par les soins de MM. Hérold et Lyon-
Caen en 1880, t. II, pp. 137 et suiv.

(3) Tome VI du *Traité des donations entre-vifs et testaments*, au
numéro 433, p. 164.

ce passage ce que dit M. Demolombe au numéro 256 du t. 1ᵉʳ de son *Traité du mariage*, à propos de l'influence de la lésion sur le mariage : « La lésion, en ce qui » concerne la personne, ne pourrait être que l'erreur... » appliquée à la fortune de l'un des époux, elle reprendrait » sa signification ; mais la lésion alors ne pourrait jamais » devenir une cause de nullité du mariage lui-même et » elle ne pourrait entraîner que très rarement la rescision » des conventions matrimoniales (art. 1309), » si l'on rapproche ainsi ces deux passages, il paraît bien en résulter que l'illustre jurisconsulte, dont nous regrettons de ne pouvoir connaître la pensée sur le point qui nous occupe particulièrement, écarte les nullités relatives pour admettre seulement, comme M. Bertauld, qu'il cite, du reste, à l'appui de son opinion, l'inexistence du contrat de mariage pour défaut de solennité, même en cas d'incapacité du mineur.

La jurisprudence de la Cour suprême paraît avoir implicitement consacré cette théorie exclusive ; car elle considère l'incapacité du mineur, simple vice relatif en droit commun (art. 1125), comme une cause de nullité absolue, d'ordre public, à la disposition non-seulement des deux époux, mais de tous les tiers intéressés, que rien ne peut effacer, ni ratification, ni prescription ; et ses décisions sont toujours basées sur l'immutabilité des conventions matrimoniales et l'intérêt des tiers dont le sort ne peut être laissé à la discrétion des époux, par une simple nullité relative.

Attendu, dit la chambre civile, dans un arrêt de rejet du 5 mars 1855 (1), rendu sous la présidence de M. le premier président Troplong, sur le rapport de M. le conseiller Renouard, conformément aux conclusions de

_____

(1) Sir., 1855, 1, 348 ; *Pal.*, 1855, 1, 250.

M. le conseiller Glandaz faisant fonction d'avocat général, « Attendu qu'aux termes des articles 1394 et 1395
» C. Nap., toutes conventions matrimoniales doivent être
» rédigées avant le mariage, par acte devant notaire, et
» qu'elles ne peuvent recevoir aucun changement après la
» célébration du mariage ; — Attendu que la solennité et
» l'immutabilité du pacte matrimonial n'intéressent pas
» seulement les époux, les deux familles qui s'unissent et
» la famille à naître, qu'elles intéressent aussi les tiers
» dans leurs relations avec les époux et avec les ayant-
» droit de ceux-ci ; — Attendu qu'aux termes de l'ar-
» ticle 1398, les conventions, donations, faites dans le
» contrat par le mineur habile à contracter mariage, ne
» sont valables que s'il a été assisté par les personnes
» dont le consentement est nécessaire pour la validité du
» mariage ; — Attendu que s'il dépendait de l'époux qui,
» après le mariage, a contracté avec des tiers, de faire
» tomber ou de laisser subsister les conventions matri-
» moniales, selon qu'il lui plairait d'en demander ou de
» n'en pas demander la nullité, la condition des tiers
» demeurerait perpétuellement incertaine, et qu'à leur
» égard le pacte matrimonial perdrait le caractère d'im-
» mutabilité que la loi a voulu y attacher ; — Attendu qu'il
» n'y a pas lieu en cette matière à faire l'application de
» la règle en vertu de laquelle le mineur peut seul atta-
» quer les actes par lui consentis hors des limites de sa
» capacité, et que les tiers doivent être reçus à exciper
» de la nullité du contrat de mariage à laquelle ils ont
» intérêt ; — Attendu qu'il résulte des articles 1387 et
» 1393, qu'à défaut d'un contrat valable, la loi supplée
» à l'irrégularité de l'acte, de même qu'elle supplée à l'ab-
» sence de conventions, en soumettant les époux au
» régime de la communauté, etc..... »

La chambre des requêtes a, de son côté, proclamé le

même principe dans un arrêt de rejet du 16 juin 1879, rendu sous la présidence de M. le président Bédarrides, sur le rapport de M. le conseiller Alméraz Latour, et conformément aux conclusions de M. l'avocat général Lacointa (1).

La Cour de cassation a, dans d'autres décisions, appliqué les conséquences de son principe, telles que l'impossibilité, après la célébration du mariage, d'une ratification qui ne serait qu'un nouveau contrat de mariage, et la nécessité, pour ratifier avant cette époque, d'observer les formalités exigées par les articles 1396 et suivants pour les contre-lettres (2).

L'inexistence prononcée ou plutôt déclarée du contrat de mariage entraîne la chute de toutes les dispositions et donations qui ne peuvent être comprises que dans cet acte spécial, par exemple, les institutions contractuelles (3). Enfin, les époux se trouvant mariés sans contrat, sont placés par la loi sous le régime de communauté légale (4).

Le dol paraît donc exclu comme cause de nullité des conventions matrimoniales, puisque d'une part on ne peut le considérer comme vice de forme, et que d'autre part il ne peut entraîner l'inexistence du contrat de nature à être invoqué par l'auteur même du dol. Le principe absolu de l'immutabilité des conventions matrimoniales semble inconciliable avec le vice relatif qui en résulterait.

Cependant nous trouvons une théorie moins rigoureuse que la précédente, qui pourrait peut-être se concilier

(1) *Pal.*, 1880, 371.

(2) Civ. rej., 20 juillet 1859 ; *Pal.*, 60 , 504. — Cass. civ., 29 mai 1854 ; *Pal.*, 54, 2, 250. — Cass. civ., 9 janvier 1855 ; *Pal.*, 56, 1, 305.

(3) Civ. rej., 19 juin 1872 ; *Pal.*, 72, 697.

(4) Req. rej., 16 juin 1879 cité *suprà*.

avec la nullité relative résultant du dol, et qui compte
parmi ses partisans des autorités non moins considérables
que les précédentes ; la Cour de cassation elle-même n'a
pas toujours repoussé la nullité pour fraude des conventions matrimoniales, car elle l'a autorisée, pour certaines
clauses du contrat de mariage, dans un arrêt de rejet de
la chambre des requêtes du 2 mars 1853 (1) ; enfin, le
tribunal de la Seine n'a pas hésité à prononcer, par jugement du 19 février 1869 (2), la nullité du contrat de mariage tout entier, dans le procès Otto Stern et Houssaye,
sur lequel nous allons bientôt revenir.

MM. Rodière et Pont, dans leur savant *Traité du contrat
de mariage*, proclament nettement l'application du droit
commun au contrat de mariage pour les vices de consentement, et le caractère relatif de la nullité résultant de
l'incapacité : « Pour ce qui regarde le consentement,
disent-ils au tome Ier, n° 36 de la première édition, et
n° 38 de la deuxième, « le titre du contrat de mariage ne
» renferme aucune disposition particulière. Le législateur
» s'en est remis sur ce point aux principes généraux. Le
» contrat est donc nul, toutes les fois que le consentement
» de l'un des futurs époux a été vicié par l'erreur, la vio-
» lence ou le dol. » Et plus loin, au n° 43 de la première
édition et n° 46 de la deuxième, ils admettent le caractère
relatif de la nullité pour incapacité du mineur, ou plutôt
de la restitution pour lésion (Arg. art. 1309), c'est-à-dire
l'application du droit commun : « Le contrat de mariage
» passé par un mineur qui n'a pas été dûment autorisé
» n'est, du reste, nul que d'une nullité relative. C'est un
» point sur lequel tous les auteurs sont d'accord. Mais
» comme, dans notre droit actuel aussi bien que dans le

(1) *Pal.*, 53, 1, 361.
(2) D., P., 73, 1, 484.

» droit antérieur, le mineur n'est restitué qu'autant qu'il
» a été lésé, et que la lésion doit s'apprécier par l'ensemble
» de l'acte, ce mineur ou ses ayant-droit ne peuvent
» scinder le contrat, c'est-à-dire demander la nullité de
» quelques clauses seulement et le maintien des autres. »
Cependant, ces mêmes auteurs admettent une dérogation
au droit commun en repoussant toute possibilité de ratification pendant le mariage, même pour les nullités simplement relatives : « Le cas le plus favorable, disent-ils
au n° 158 (1re édition) et n° 177 (2e édition), est celui
» où la nullité ne serait que relative. Dans ce cas, le ré-
» gime qui doit en dernière analyse régler l'association,
» est incertain, et l'on peut dire qu'il est à la fois de l'in-
» térêt des époux et de l'intérêt des tiers de faire cesser
» cette incertitude par une ratification. Toutefois nous
» maintenons, même dans ce cas, la solution donnée. La
» ratification de l'époux auquel l'action en nullité compète
» contiendrait, en effet, une renonciation virtuelle à une
» communauté non ouverte que la loi ne nous semble pas
» autoriser. Cette ratification, d'ailleurs, si elle était au
» désavantage de l'époux qui l'aurait faite, serait une libé-
» ralité indirecte entre époux dont l'article 1096 permet
» dans tous les cas la révocation, c'est-à-dire qu'elle ne
» vaudrait jamais comme ratification proprement dite,
» et qu'elle pourrait valoir tout au plus comme donation,
» si elle n'était pas révoquée. »

Ainsi, sauf cette réserve, le droit commun avec toutes
ses conséquences non exprimées par MM. Rodière et Pont,
s'appliquera au contrat de mariage ; en sorte qu'à leur
avis, l'époux victime d'un dol dans ce contrat pourra seul
demander la nullité et tiendra à sa discrétion, tant que la
prescription ne sera pas acquise, la fixation du régime qui
doit régler sa situation à l'égard de son conjoint et
des tiers.

. M. Colmet de Santerre, dans sa remarquable continuation du *Cours de Code civil* de Demante, formule le même principe, à propos de l'incapacité du mineur, mais sans aucun développement, sans en faire l'application au dol et sans en déduire les conséquences ; il n'en proclame pas moins formellement l'application du droit commun des contrats ordinaires au contrat de mariage, tant que la loi ne l'exclut pas formellement, et la possibilité des nullités relatives, conformément à ce droit commun : « Le contrat
» de mariage du mineur qui n'a pas été dûment assisté
» est donc irrégulier, dit-il au tome VI, n° 15 bis,
» V et VI, p. 29, et si on se reporte à l'article 1309, on
» voit que le législateur l'a considéré comme sujet à res-
» titution. Il nous faut maintenant voir les conséquences
» de ce caractère attribué à l'acte. D'après les principes
» sur les nullités et les incapacités, *principes qu'aucun de*
» *nos articles ne paraît avoir abandonnés*, le contrat est
» entaché d'une nullité relative, il est annulable, par con-
» séquent la nullité ne peut pas être invoquée par la
» partie qui a traité avec l'incapable (art. 1125)... Dans
» la circonstance qui vient de nous occuper, il se produit
» un résultat qui peut soulever de justes critiques. Le ré-
» gime sous lequel les époux sont mariés n'est pas déter-
» miné d'une façon certaine après la célébration du ma-
» riage, et par conséquent, la règle sur l'immutabilité des
» conventions matrimoniales reçoit une certaine atteinte ;
» il dépendra d'un des époux, en demandant ou en ne
» demandant pas la nullité du contrat de mariage, d'être
» marié sous tel ou tel régime, et on se trouvera en pré-
» sence des dangers que la loi a voulu prévenir par
» l'article 1395. Peut-être aurait-on pu éviter une partie
» de ces inconvénients, en déclarant le contrat atteint
» d'une nullité radicale et, par conséquent, les époux
» mariés sous le régime de communauté ; mais il n'est pas

» possible d'envisager cette nullité sous cette physio-
» nomie en présence de l'article 1309, et en tenant compte
» des principes généraux sur l'incapacité auxquels le
» législateur n'a pas spécialement dérogé. » M. Colmet
de Santerre ne parle pas formellement des vices du consentement, notamment du dol, mais son argumentation
indique qu'il en admet la possibilité et les effets ordinaires, *le législateur n'y ayant pas spécialement dérogé.*

L'intérêt des tiers n'a donc pas paru suffisant aux
auteurs que nous venons de citer, pour tirer de l'art. 1395
une théorie générale opposée au droit commun et excluant
toutes les nullités relatives : le régime sous lequel les
époux seront mariés dépendra de la seule volonté de celui
auquel appartient l'action en nullité, sauf la ressource,
pour les créanciers personnels de cet époux, d'user de
l'article 1166.

Cependant, l'intérêt de ces tiers avec lesquels les époux
ont traité pendant le mariage a préoccupé MM. Aubry et
Rau et Laurent qui, sans admettre la théorie absolue de
M. Bertauld et de la Cour de cassation, tout en recon-
naissant la possibilité des nullités relatives, donnent à ces
tiers le droit d'invoquer, en leur nom personnel et en
dehors de l'article 1166, la nullité du contrat de mariage.
Ces savants auteurs posent d'abord en principe le caractère relatif de la nullité pour incapacité (ils ne mention-
nent pas les vices de consentement), en ce sens que le
conjoint au profit duquel n'existe pas la nullité ne peut
s'en prévaloir et, pour la liquidation de ses droits et reprises, doit subir la loi de l'autre époux. Mais, par dérogation au droit commun, la ratification et la prescription
sont impossibles pendant le mariage, par application de
l'article 1395 (1). Enfin, les tiers sont mis à l'abri de

----

(1) Aubry et Rau, § 502, texte et notes 30 à 35, 4e édition, t. V,
pp. 245 à 247. — Laurent, XXI, nos 30 à 36, 142 à 145.

toute incertitude sur le régime des époux, en étant autorisés à invoquer de leur chef la nullité relative du contrat
de mariage : « La nullité dont il s'agit, disent MM. Aubry
et Rau, dans leur traité devenu classique, à la note 30,
» ne pourrait-elle pas être invoquée par les tiers, et spé-
» cialement par un créancier des époux auquel ces der-
» niers opposeraient le contrat de mariage, pour faire
» tomber des poursuites exercées sur les biens de la
» femme? La Cour de cassation (1) a décidé l'affirmative.
» Les considérants de son arrêt, dépassant les nécessités
» de l'espèce, posent même en thèse que la nullité résul-
» tant du défaut de l'assistance requise par l'article 1398,
» est susceptible d'être proposée par *toute personne ayant*
» *intérêt à s'en prévaloir*. Cette doctrine nous paraîtrait
» trop absolue, si elle devait s'appliquer même aux rap-
» ports des époux entre eux et à la liquidation de leurs
» droits respectifs. Nous comprenons que les tiers avec
» lesquels les époux ont traité soient fondés à dire que
» l'époux qui manquait de la capacité requise, se trou-
» vant placé pendant le mariage dans l'impuissance de
» confirmer son contrat de mariage, est par cela même
» non recevable à leur opposer ce contrat pour se sous-
» traire aux effets des conventions passées avec eux. Il ne
» faut pas, d'ailleurs, que la condition des tiers demeure
» livrée au bon plaisir de l'un des époux qui, après avoir
» invoqué son contrat de mariage, dans une circonstance
» où il avait intérêt à le faire, n'en resterait pas moins le
» maître de le répudier plus tard ; et l'on peut admettre
» qu'en contractant pendant le mariage des engagements
» d'ailleurs valables, l'époux qui était encore mineur lors
» de la passation de son contrat de mariage, renonce
» implicitement, au profit des tiers envers lesquels il

(1) Civ. rej., 5 mars 1855.

» s'oblige, à se prévaloir de ce contrat en tant qu'il ferait
» obstacle au maintien ou à la réalisation de leurs droits.
» La disposition du second alinéa de l'article 1125, aux
» termes duquel les personnes capables de s'engager ne
» peuvent, pour se soustraire à l'exécution de conventions
» qu'elles ont passées avec un incapable, se faire une
» arme de son incapacité, est étrangère aux rapports des
» deux parties avec leurs créanciers communs ou res-
» pectifs, et ne s'oppose en aucune façon à la solution
» que nous venons d'indiquer. »

Le célèbre jurisconsulte belge, M. Laurent, soutient la
même doctrine, par les raisons suivantes qu'il déve-
loppe (1) : « Le contrat de mariage n'intéresse pas seule-
» ment les époux, il intéresse aussi les tiers, puisqu'il
» peut leur être opposé ; mais pour qu'il puisse leur être
» opposé, il faut qu'il soit valable, et il ne l'est pas quand
» l'un des conjoints mineurs n'a pas été assisté..... (Suit
l'examen de la jurisprudence et la critique de ses motifs).
» Cela est exact, mais l'argument ainsi formulé n'est pas
» décisif ; il faut dire que la nullité est établie dans l'in-
» térêt des tiers, puisque les tiers y sont intéressés. On
» reste donc sous l'empire du droit commun. »

Cette opinion mixte ne nous paraît pas admissible,
malgré l'autorité qui s'attache aux noms de MM. Aubry
et Rau et Laurent ; en effet, d'une part, ceux que l'on
qualifie de tiers ne sont autres que les ayant-cause des
parties, ils doivent subir les conséquences des vices affec-
tant les actes passés par elles et sont soumis, comme en
droit commun auquel il n'est point dérogé ici, à la règle
resoluto jure dantis resolvitur jus accipientis ; d'autre part, il
nous paraît qu'il y a contradiction chez ces auteurs à dire
que le fait par l'époux de traiter avec les tiers implique

(1) N° 35, *l. c.*

de sa part renonciation à se prévaloir de la nullité de son
contrat de mariage, alors que ces mêmes jurisconsultes
déclarent impossible toute ratification de ce contrat pendant le mariage.

Il ne nous paraît donc pas y avoir place à une solution
intermédiaire entre l'inexistence du contrat de mariage
pour défaut de forme, ce qui implique le rejet des simples
vices de consentement, et l'application du droit commun et des nullités relatives avec leurs conséquences
ordinaires.

Cependant, pour prendre parti sur ces délicates questions, il nous paraît nécessaire de bien préciser d'abord
les cas de fraude qui peuvent être invoqués contre les
diverses clauses du contrat de mariage, et de séparer
avec soin des hypothèses dont la confusion est de nature
à rendre impossible toute solution exacte.

Les fraudes préjudiciables aux époux peuvent consis-
ter : pour le mari, dans une reconnaissance ou quittance
de dot non payée qu'il a été amené à donner à la suite
de manœuvres frauduleuses; pour chacun des deux époux,
dans des donations expresses et directes, dans des
avantages indirects résultant de l'adoption du régime de
communauté légale ou conventionnelle. La femme ne
pourrait se plaindre d'avoir été par dol amenée à se des-
saisir de l'administration et de la jouissance de ses biens
au profit de son mari : ce dessaisissement ne compromet-
tant point son capital, répond en effet tout naturellement
à la situation respective des époux, et la femme a, en cas
d'abus du mari, la ressource de la séparation de biens.

En ce qui concerne la quittance de dot extorquée
au mari, il nous paraît certain qu'elle peut être annulée
sur sa demande, même au préjudice des tiers; cette
annulation ne porte, en effet, aucune atteinte directe
à l'irrévocabilité des conventions matrimoniales et ne

modifie en rien le régime adopté par les époux. La Cour
de cassation n'a pas hésité, malgré son système exclusif,
à admettre la nullité de cette reconnaissance : « Attendu,
» dit-elle dans un arrêt de rejet rendu par la chambre
» des requêtes le 2 mars 1853 (1), que le dol et la fraude
» forment une exception à toutes les règles qui régissent
» les contrats consensuels ; que, *même dans le cas où il*
» *s'agit de conventions matrimoniales*, il appartient aux
» juges de vérifier les faits invoqués à l'appui de la de-
» mande en nullité, de les apprécier, de rechercher si le
» consentement n'a été donné que par suite de la fraude
» et des manœuvres dolosives, encore bien que cette
» cause n'ait pas été expressément spécifiée par le de-
» mandeur, et par suite *d'annuler*, s'il y a lieu, *les con-*
» *ventions* ; — Attendu que l'arrêt attaqué, pour décider
» que le sieur Delaroque n'avait été amené que par la
» fraude et le dol pratiqués envers lui à donner, dans son
» contrat de mariage avec la demoiselle Adèle de Roque-
» feuil, quittance d'une somme de 30,000 fr. qu'il n'avait
» pas reçue, s'est fondé sur une série de faits rappelés
» dans ses motifs et dont l'appréciation rentrait dans les
» attributions souveraines de la Cour d'appel ; qu'en pro-
» nonçant, par suite, la nullité de cette quittance de
» 30,000 fr., la Cour d'appel de Montpellier n'a commis
» aucune violation de l'art. 1395 C. civ., mais a fait une
» saine application des principes ci-dessus rappelés,....
» Rejette. » La nullité admise par la Cour suprême était
prononcée, dans l'espèce, au préjudice d'un créancier de
la femme qui avait fait entre les mains du mari saisie-
arrêt pour la dot par lui reconnue. Le premier considérant de cet arrêt de la chambre des requêtes mérite d'être
remarqué et retenu, car il pose en principe général le

(1) *Pal.*, 53, 1, 361.

droit pour les juges, *même en matière de conventions matri-*
moniales, de rechercher si le consentement a été extorqué
par dol, et par suite *d'annuler, s'il y a lieu, lesdites con-*
ventions. Cependant on ne peut en tirer aucune conclusion certaine sur l'application que la Cour suprême aurait
faite à ces conventions elles-mêmes, s'il y avait eu lieu,
par l'effet de la nullité, de modifier le régime matrimonial; dans l'espèce soumise à la chambre des requêtes, le
régime était, en effet, maintenu et la nullité n'était prononcée qu'après dissolution du mariage.

Le dol peut vicier encore les donations et avantages
directs que les époux se sont faits dans le contrat de mariage. Remarquons que ces dispositions ne constituent pas
le régime matrimonial proprement dit, et en sont non-
seulement distinctes, mais même indépendantes; car elles
peuvent être révoquées pour ingratitude, au moins d'après
l'opinion générale et la jurisprudence la plus récente (1),
sans que le fond même du contrat de mariage en soit modifié; à l'inverse, ces donations peuvent être maintenues,
malgré la nullité du contrat de mariage, pourvu que les
règles ordinaires des donations aient été observées (2).
L'annulation de ces donations pour dol ne peut donc être
accusée de violer le principe de l'art. 1395 et de porter
atteinte à l'immutabilité du contrat de mariage.

Ces donations, quoique contenues dans le contrat de
mariage, restent soumises, sauf les dérogations formelles
apportées par le Code dans les chap. VIII et IX du titre
des Donations, aux règles ordinaires et sont, par conséquent, annulables pour dol. Les tiers qui pourront être

(1) Cf. Aubry et Rau, § 708, texte et note 2, 4e édit., t. VII, p. 416,
et les autorités par eux citées.

(2) Cf. les mêmes auteurs, § 735 texte et note 5, 4e édit., t. VIII,
p. 54.

atteints sont dans la situation de ceux qui traitent avec
un donataire ordinaire éventuellement soumis à une action
en nullité pour dol dont la légitimité n'est nullement contestée, et l'on ne saurait tirer pour eux, du fait que la
donation est contenue dans un contrat de mariage, aucun
motif spécial de protection exceptionnelle. Remarquons,
du reste, que ces tiers seront aussi protégés qu'il est possible, en présence de la menace d'une nullité, par la
mention, en marge de la transcription de la donation,
concernant le jugement qui aura prononcé la nullité (1);
en sorte que ceux qui traiteront après l'annulation seront
à l'abri de toute incertitude et de tout danger.

Aucune dérogation au droit commun n'écartant l'action
en nullité pour vice de consentement, les donations par
contrat de mariage sont donc, comme les donations ordinaires, annulables pour dol, captation, etc., et cela, sans
porter aucune atteinte aux principes de l'art. 1395.

La jurisprudence s'est prononcée dans ce sens, lorsqu'elle a été saisie de pareilles demandes ; il faut cependant remarquer que les cas en sont rares, ce qui s'explique, soit par la difficulté d'établir, en fait, un dol suffisant
pour obtenir l'annulation, soit par le moyen plus facile et
qui se présente presque toujours dans le cas où le dol
pourrait être invoqué, de la révocation de la donation
pour ingratitude.

La Cour de Douai prononça, par arrêt du 10 janvier
1835, la nullité pour captation d'une donation entre époux
par contrat de mariage.

Enfin, le tribunal de la Seine annula pour dol, par juge-

(1) Article 4, loi 23 mars 1855, applicable aux donations, malgré
l'art. 11 *in fine* de ladite loi, qui n'exclut pas pour ces actes les dispositions de la loi non modificatives, mais simplement ampliatives du
Code civil. — Cf. Aubry et Rau, § 704, texte et lettre B, et notes 42 et
46, 4ᵉ édit., t. VIII, pp. 396 et 397.

ment du 19 février 1869, le gain de survie consenti, dans le contrat de mariage, par la femme au profit de son mari, coupable d'avoir arraché cette donation en faisant croire à un apport qui n'avait aucune réalité. Le procès à l'occasion duquel intervint cette décision a eu un grand retentissement, tant par les détails et les aventures qu'il révélait au public, que par le nom des avocats et l'intérêt particulier des questions qu'il soulevait :

M. Stern, juif de Courlande, à la suite d'aventures nombreuses, arrivé en Angleterre dans une position des plus modestes, commence son existence conjugale, qui doit être si agitée, par l'enlèvement d'une jeune fille qu'il épouse, mais que les mauvais traitements dont elle était l'objet forcèrent à demander son divorce. Le divorce prononcé, M. Stern, ayant fait faillite, cherche à contracter une nouvelle union qui puisse le relever de sa situation. Il arrive à Dieppe entouré du luxe le plus élégant, se présente comme allié à d'importantes familles françaises, engagé dans la haute banque et à la tête d'un établissement qui ne vaut pas moins de 900,000 fr. Il rencontre là deux femmes, la mère et la fille, Mme et Mlle Avrial, dans une situation quelque peu irrégulière elles-mêmes, car la mère n'était point mariée et vivait avec M. Avrial dans une de ces communautés si fréquentes à Paris et auxquelles le théâtre a donné un nom si caractéristique, les faux ménages. Une fortune réelle de 200,000 fr. constituait l'apport de la jeune fille. Les deux femmes, séduites par l'élégance, la situation en apparence magnifique et la grande fortune prétendue de M. Stern, conclurent, après un séjour de vingt jours aux bains de mer, le mariage qui devait avoir de si funestes conséquences pour la jeune fille, non cependant sans avoir envoyé auparavant un frère de la future à Londres pour prendre des renseignements sur la situation de M. Stern. Le mariage fut célébré à Paris le

7

24 décembre 1862. Les illusions de Lucie Avrial, tant sur
la situation pécuniaire que sur la situation morale et les
intentions de son mari à son égard, ne tardèrent pas à se
dissiper cruellement. Les déceptions amères jointes aux
calomnies et mauvais traitements de toute sorte, la con-
duisirent bientôt à la tombe ; elle mourut le 20 octobre
1867, après avoir successivement intenté, en Angleterre,
une demande en divorce qu'elle avait abandonnée, et en
France une demande en nullité de son mariage pendante
lors de sa mort. Cependant Stern continuait le cours de
ses aventures ; après avoir enlevé une jeune fille de Wies-
baden, il était parti pour l'Amérique où on le retrouve à
la tête d'une assez grosse fortune et président du comité
d'examen de la viande de porc. Revenu en France, il
s'empresse de réclamer, en vertu du gain de survie réciproque consenti dans le contrat de mariage, la fortune de
sa femme, qui s'était encore accrue par le prédécès de ses
frères. Lucie Avrial était représentée par son unique hé-
ritière, sa sœur, Mme Edouard Houssaye. Celle-ci, défen-
due par Me Allou, continuant le procès en nullité de mariage intenté par Mme Stern, demande subsidiairement
l'annulation, pour dol, de la donation contenue au contrat de mariage, et en troisième lieu, dans le cas où elle
serait battue sur les deux premiers points, la révocation
de ladite donation pour ingratitude. M. Stern, par l'or-
gane de Me Rousse, soutenait : en fait, que le dol n'exis-
tait pas, les parties étant d'accord pour faire figurer à son
compte la fortune de 900,000 fr. dont l'inexistence n'était
un mystère pour personne ; en droit, que le dol ne pouvait être une cause d'annulation des conventions matrimoniales. Le tribunal de la Seine, à la suite de ces débats
rendus si brillants et si attachants par le talent des deux
avocats, rendit, conformément aux conclusions de l'avocat impérial Manuel, le jugement suivant en ce qui concerne l'annulation pour dol de la donation :

« ..... En ce qui concerne la demande en nullité, pour
» cause de dol, des dispositions contenues au contrat de
» mariage des époux Stern : Au fond : Attendu que, dans
» l'article 2 de son contrat de mariage avec Lucie Avrial,
» Stern a déclaré apporter et se constituer en dot la mai-
» son de commerce d'importation et d'exportation qu'il
» exploitait à Londres, ensemble la clientèle, les marchan-
» dises et les créances, le tout évalué à la somme de
» 900,000 francs, déduction faite de toutes charges,
» d'après le dernier inventaire arrêté au 1er janvier 1862 ;
» — Attendu que, par le même contrat, les futurs époux
» ont attribué au survivant la totalité des bénéfices de la
» communauté d'acquêts établie entre eux, et que, de
» plus, ils se sont fait donation de l'universalité des biens
» composant la succession du prémourant ; — Attendu
» qu'à l'époque où il passait cet acte, Stern avait été dé-
» claré en faillite, etc. ; — Attendu que, peu après son se-
» cond mariage, Stern était de nouveau déclaré en fail-
» lite, etc. ; — Attendu qu'il résulte de ces faits que Stern
» avait démesurément exagéré l'importance de son ap-
» port matrimonial et trompé sa femme sur sa situation de
» fortune et sur la prospérité de ses affaires ; — Attendu
» qu'il prétend, il est vrai, que l'exagération de ses
» apports avait été concertée entre lui et la famille de sa
» future, mais qu'il ne fournit aucune preuve à cet égard ;
» — Attendu, d'autre part, que la dame Stern apportait en
» mariage une fortune réelle et importante et qu'il est
» évident que si elle eût connu la situation véritable du
» défendeur, elle n'eut pas consenti aux libéralités conte-
» nues dans son contrat de mariage ; — Attendu que le
» silence gardé par Stern sur sa faillite antérieure, l'allé-
» gation artificieuse d'une fortune chimérique et sa décla-
» ration inscrite dans son contrat de mariage, ont été de
» sa part des manœuvres frauduleuses constitutives d'un

» dol de nature à vicier le consentement de ladite dame
» Stern aux dispositions dudit contrat, et, qu'en consé-
» quence leur nullité doit être prononcée ; — Attendu
» que, par suite de cette nullité, il devient sans intérêt de
» statuer sur la demande en révocation de donation pour
» ingratitude, etc. » — Sur l'appel, la solution juridique
du tribunal relativement à l'annulation pour dol fut vivement attaquée par M. Valette dans la savante consultation dont nous avons parlé plus haut. Cependant, M. le
premier avocat-général Dupré Lasale conclut à la confirmation du jugement et, dans tous les cas, à la révocation de la donation faite par Mme Stern, pour cause
d'injure et d'ingratitude. La Cour, s'arrêtant à cette dernière considération et écartant, sans l'examiner, par des
considérations de fait, la question de nullité pour dol,
révoqua la donation, par arrêt du 25 janvier 1870.
« Au fond, porte cet arrêt sur la question de nullité qui
» nous occupe, sans avoir à examiner en droit si l'action
» rescisoire pour dol peut être admise contre l'ensemble
» ou contre une disposition isolée du contrat de mariage ;
» — Considérant que la demanderesse ne fait pas, aux
» termes de l'article 1116 C. civ., la preuve d'un dol qui
» aurait été la cause déterminante de la donation dont il
» s'agit..... » (Suit le développement de cette fin de non-
recevoir.) — La décision de la Cour de Paris fut soumise
à la Cour de cassation qui, par arrêt de la chambre des
requêtes du 17 février 1873, rejeta le pourvoi. Mais il
n'est plus question de la nullité pour dol, écartée par l'appréciation souveraine des juges du fait (1).

Il est à regretter que la Cour de cassation n'ait pas eu
à se prononcer sur cette question intéressante, d'autant

(1) Voir sur tout ce procès, *Gazette des Tribunaux* des 25, 27 janvier, 1er, 4 et 15 février 1869 ; 29, 31 janvier et 1er février 1870.

mieux que, dans l'espèce, elle était rendue plus délicate
par la nature même de la libéralité attaquée ; il s'agissait,
en effet, d'un gain de survie stipulé au contrat de mariage
et non d'une donation ordinaire contenue dans cet acte.
Or, les articles 1516 et 1525 déclarent que ces avantages
ne doivent pas être traités comme donations, mais comme
conventions de mariage, en sorte qu'on pouvait être plus
facilement arrêté par l'application de l'article 1395 déclarant immuables ces conventions, puisque l'on se trouve
réellement en présence d'un véritable régime matrimonial
accessoire et modifiant les règles ordinaires de la communauté adoptée en principe. Cependant il n'y en a pas
moins un avantage évident, indépendant du régime
principal, qui peut être perdu pour l'époux coupable
contre lequel la séparation de corps a été prononcée
(art. 1518) (1). Dès lors, si l'on démontre que le consentement a été surpris par dol et que l'époux trompé n'eût
pas consenti un avantage qui, dans la réalité, n'est plus
réciproque, il n'y a aucune raison pour refuser une action
en nullité qui ne nous paraît nullement douteuse pour les
donations ordinaires consenties dans le contrat de mariage.

Avant d'examiner cette question de nullité pour le régime matrimonial proprement dit, deux points nous restent à traiter relativement à la nullité que nous avons
admise contre les reconnaissances de dot de la part du
mari et les donations ou autres avantages accessoires
arrachés par le dol de l'un quelconque des époux : la
possibilité d'une ratification, c'est-à-dire d'une renonciation à l'action en nullité pendant le mariage, et la prescription de cette action.

(1) Cf. Aubry et Rau, § 494, texte 3°, notes 27 et 28 ; § 529, texte
et note 14, 4ᵉ édit, t. V, pp. 205 et 501.

Quant à la ratification, repoussée même par des auteurs qui admettent les nullités relatives des conventions matrimoniales, nous ne voyons aucun motif de l'écarter d'une manière absolue pendant le mariage. L'article 1395, invoqué contre cette ratification, ne nous paraît concluant que dans la théorie qui n'admet que des contrats nuls, c'est-à-dire sans existence légale, ou des contrats entièrement valables ; ratifier un contrat nul est chose impossible à deux points de vue : 1° parce qu'on ne peut ratifier un acte qui n'existe pas ; 2° parce que ratifier serait ici faire un contrat de mariage après la célébration du mariage et substituer à la communauté, imposée par la loi en l'absence de contrat, un régime nouveau. Mais, étant admise la possibilité de simples actions en nullité relatives, de simples vices n'empêchant pas le contrat d'exister, ce contrat a une existence légale, est présumé valable tant qu'il n'est pas annulé ; les époux restent sous le régime de leur choix tant que l'action en nullité n'est pas intentée ; donc renoncer à cette action et ratifier, n'est pas modifier les conventions matrimoniales, c'est, au contraire, assurer leur irrévocabilité, empêcher pour l'avenir toute modification. La ratification nous paraît légalement possible. Mais une remarque importante doit être faite ici. Nous venons de parler de donations et autres avantages consentis par surprise, arrachés par dol ; l'époux victime de la fraude peut détruire ces libéralités en prouvant qu'il ne les a pas réellement voulues. S'il ratifie pendant le mariage, son consentement plein et entier, libre et éclairé, ne date que de ce moment et sa volonté de donner est en réalité postérieure à la célébration du mariage. La renonciation à l'action en nullité, la ratification postérieure à cette célébration, n'est donc qu'une libéralité entre époux pendant le mariage et, comme telle, restera révocable, aux termes de l'article 1096, les mêmes motifs qui ont fait établir cette fragilité des dons entre époux se présentant ici.

Le droit commun étant, d'après nous, applicable aux donations contenues dans le contrat de mariage, en ce qui concerne l'annulation pour dol, l'action en nullité sera soumise à la prescription ordinaire de dix ans de l'article 1304, et le point de départ de ladite prescription sera fixé, d'après les règles de cet article, au jour de la découverte de la fraude. Cependant, comme le procès se déroule entre époux, nous devons appliquer l'article 2253, d'après lequel cette prescription sera suspendue pendant le mariage. La situation des tiers qui auront traité avec le donataire et acquis de son chef des droits réels, sera donc pendant longtemps incertaine ; mais c'est là la conséquence du système des nullités, aggravé ici par la faveur de l'article 2253. Du reste, les tiers acquéreurs pourront être mis à l'abri de toute recherche par l'usucapion de la propriété qui purge le fonds de toute action en nullité et pourra commencer même pendant le mariage, l'usucapion commençant avec la possession, sauf suspension de cette prescription pendant le mariage, en vertu de l'article 2256 2°, toutes les fois que la revendication de la femme sera de nature à réfléchir contre le mari. Enfin, les acquéreurs de meubles corporels seront protégés par la règle de l'article 2279.

Les questions de nullité pour dol étant ainsi séparément résolues pour les donations et autres avantages entre époux distincts et indépendants du régime matrimonial principal, il ne nous reste plus qu'à examiner les conséquences de la fraude sur ce régime.

Le préjudice n'existera pour l'époux dont le consentement a été surpris, que dans le cas où le régime adopté est celui de la communauté légale ou des clauses de communauté conventionnelle, qui emportent dans une mesure plus large aliénation ou disposition des biens, telles que communauté universelle, clause d'ameublissement ou de partage inégal de la communauté. Si l'on arrive à démontrer en fait que ces diverses clauses ont été consenties pour rétablir un équilibre entre les deux fortunes et pour créer des avantages que l'époux trompé croyait réciproques, si l'on prouve que cet époux a été victime des manœuvres sans lesquelles il n'aurait pas supporté un pareil sacrifice, si l'emploi de ces manœuvres a eu pour résultat un odieux enrichissement de l'autre époux qui les a employées, la loi ne doit-elle pas autoriser la suppression de cet enrichissement et l'annulation d'un régime qui n'a pas été librement consenti, qui aurait été rejeté certainement sans l'emploi du dol ? Examinons encore séparément les clauses de communauté conventionnelle et le régime de communauté légale, soit expresse, soit tacite.

On ne saurait nier qu'une clause aggravant la portée de la communauté légale, telle que l'ameublissement, arrachée par dol, est absolument contraire à la volonté de l'époux trompé qui aurait sans cela adopté tout autre régime opérant un dépouillement moindre ou même n'en opérant aucun. Il faudrait donc trouver dans la loi une dérogation bien formelle, pour écarter l'application du droit commun sur les vices du consentement et refuser toute action en nullité. Or, l'article 1395, sur lequel se fonde la théorie que nous combattons, nous paraît absolument insuffisant. En effet, si l'on examine la portée exacte du principe qu'il établit, on peut facilement se convaincre qu'il suppose un contrat valable et sans vice. Cet article n'est qu'un complément, une aggravation du principe écrit dans l'article 1134 : en matière de conventions ordinaires, l'accord des parties est irrévocable et immuable, en ce qu'un seul des contractants ne peut, par sa seule volonté unilatérale, briser ce contrat et qu'il faut

l'accord de tous ceux qui ont concouru à sa formation
pour le détruire ; le contrat de mariage jouit d'une irrévocabilité plus énergique encore, en ce que l'accord
de tous les contractants est impuissant à le modifier.
Mais, de même que l'article 1134, en posant le principe de l'irrévocabilité des conventions ordinaires,
suppose des conventions valables et sans vice, de même
l'article 1395, en établissant l'immutabilité des contrats de
mariage, les suppose sans cause d'annulation ; et de même
que, malgré l'article 1134, une seule partie peut briser le
contrat vicié, si elle a en sa faveur une cause de nullité
ou de rescision, de même encore l'article 1395 ne fait point
obstacle, par le seul principe qu'il pose, à l'annulation possible d'un contrat de mariage entaché de vice unilatéral
et relatif. L'immutabilité du contrat, imposé à toutes les
parties contractantes, n'est pas incompatible avec l'annulation par l'une d'elles pour vice du consentement.
Nous en avons une preuve frappante dans une matière
essentiellement liée à la nôtre, le mariage. Cet acte
solennel est certes d'une irrévocabilité qui touche aux
intérêts les plus élevés et rien, pas même l'accord le
plus certain des contractants, ne peut, du moins dans
notre législation actuelle, briser ce lien du vivant des
époux ; cependant la loi n'a pas hésité à admettre au
profit de l'un d'eux des causes d'annulabilité relative et
elle n'a pas cru, en autorisant ainsi l'annulation du chef
d'un époux, porter la moindre atteinte au principe supérieur de l'irrévocabilité du mariage... Il est vrai que le
Code civil s'est prononcé formellement sur ces causes
d'annulation relative, ce qu'il n'a pas fait pour les conventions matrimoniales. Mais qu'on remarque que ses dispositions expresses sont faites, non pour étendre au mariage le droit commun des contrats ordinaires, mais au
contraire pour l'écarter, en repoussant, par exemple,

comme cause d'annulation, le dol, en soumettant à des règles toutes spéciales et exceptionnelles la prescription de l'action en nullité, la ratification du mariage annulable.

Le silence de la loi relativement aux conventions matrimoniales, beaucoup plus semblables aux conventions ordinaires que le mariage, ne saurait donc s'interpréter contre l'application du droit commun, mais, au contraire, en faveur des règles ordinaires sur les vices du consentement et leurs conséquences, et il faudrait, pour les écarter, un article de loi autrement probant que ne l'est l'article 1395. Quant aux inconvénients résultant de l'incertitude ainsi jetée sur le régime des époux, ils sont le résultat de toutes les causes d'annulation qui vicient les conventions ; le contrat de mariage lui-même ne fait pas exception et n'en est pas exempt, malgré l'article 1395, de l'aveu même de ceux qui trouvent dans ce principe d'irrévocabilité une raison suffisante pour repousser l'annulation pour vices du consentement, notamment pour dol. En effet, malgré cet article 1395, on admet comme valable la soumission du régime matrimonial à des conditions suspensives ou résolutoires qui le rendent incertain, au grand détriment des tiers, comme la nullité, et comme elles opèrent avec effet rétroactif. Cette légitimité des modalités conditionnelles est admise au nom du droit commun auquel il n'est pas dérogé expressément, et c'est précisément ce même droit commun que nous invoquons à notre tour pour appliquer aux contrats de mariage la théorie des vices du consentement. Il est bien vrai que les conditions dépendant de la volonté des parties sont exclues ; mais la situation est bien différente : elles permettraient la modification, pendant le mariage, de conventions matrimoniales librement consenties, valablement et par conséquent définitivement établies, et il y aurait violation directe de l'article 1395 ; tandis que, dans notre hypothèse, le contrat de mariage est entaché d'un vice qui met obstacle à son irrévocabilité, laquelle suppose, comme celle moindre de l'article 1134, un acte exempt de causes d'annulation.

L'action en nullité pour dol ne nous paraît donc point devoir être refusée contre les clauses portant aggravation de la communauté légale. Les effets seront régis par les principes ordinaires et se produiront avec rétroactivité, de sorte que les tiers seront atteints : si, par exemple, le régime annulé est la communauté avec ameublissement, les aliénations ou hypothèques consenties par le mari, avant l'annulation, sur des immeubles ameublis par la femme, tomberont rétroactivement comme portant sur des biens propres de celle-ci sans son consentement. Mais c'est là la situation normale créée par toute annulation d'acte translatif de propriété ou donnant pouvoir d'aliéner. Remarquons du reste que, pour l'avenir, les tiers seront encore avertis par la publicité résultant de l'art. 4 de la loi du 23 mars 1855 : le contrat de mariage portant ameublissement doit être transcrit, et son annulation sera mentionnée en marge de la transcription. Pour le passé, les tiers seront encore protégés par l'usucapion, qui purgera à leur profit le bien de toutes les actions en nullité rendant la propriété incertaine; mais la prescription sera ici suspendue pendant le mariage, en vertu de l'art. 2256 2°, lorsque la revendication de la femme sera de nature à réfléchir contre le mari garant. On pourrait être tenté d'aller plus loin en faveur de la bonne foi des tiers et, pour maintenir, malgré l'annulation et avant toute usucapion, les droits par eux acquis, d'invoquer les art. 2008 et 2009 C. civ. : les actes faits par un mandataire dont les pouvoirs sont expirés par mort du mandant, révocation du mandat, etc., sont maintenus à raison de la bonne foi des tiers. Or le mari, auquel la nullité de la clause d'ameublissement a enlevé ses pouvoirs, ne peut-il pas être assimilé à un mandataire qui aurait traité sans pouvoirs, après l'expiration de son mandat, avec des tiers de bonne foi ? Il n'est pas possible d'aller jusque-là ; car, comme l'a très bien jugé la Cour de cassation, à propos de la nullité d'un mandat pour incapacité du mandant failli, les art. 2008 et 2009 supposent un mandat valable et sans vices, légalement établi, et règlent les rapports qui suivent son expiration normale ; tandis qu'il s'agit ici d'un mandat annulable et annulé, qui, par suite de son annulation, est réputé rétroactivement n'avoir pas existé, de sorte que le mandataire a traité sur la chose d'autrui à l'occasion de laquelle il n'a jamais eu aucun pouvoir (1). Les tiers ne seront à l'abri, mais ils seront alors sans inquiétude, que si l'époux qui demande et fait prononcer l'annulation était l'auteur de l'aliénation ou du droit consenti en leur faveur, ou avait au moins concouru à cet acte ; car il restera lié par le consentement donné relativement au bien qui a cessé d'être commun pour devenir sa propriété exclusive.

Le contrat de mariage portant adoption d'une clause de communauté conventionnelle, une fois annulé pour dol, sous quel régime vont se trouver placés, et sont censés avoir toujours été placés, les époux par suite de la rétroactivité de la nullité ? Nous pouvons raisonner ici comme lorsqu'un de ces régimes a été subordonné à une condition suspensive ou résolutoire, sans que les parties aient indiqué celui qui devrait être substitué au premier : le régime primitif disparaissant rétroactivement par l'effet de l'annulation comme par celui de la condition, les époux sont censés s'être mariés sans contrat, sans désigner un

(1) Req. rej., 14 janvier 1862 ; — P., 62, 128 ; — D., P., 62, 1, 168.

régime de leur choix, et par conséquent sont mariés sous
celui de la communauté légale (1). Il est vrai que l'époux
trompé pourra peut-être éprouver un préjudice de ce régime par lequel il perdra une portion de ses biens sans
aucune compensation ; mais remarquons que ce préjudice
sera bien moindre que celui primitivement ressenti, puisqu'on annulera toutes les clauses aggravant, à son détriment, les effets ordinaires de la communauté, en sorte que
nous ne voyons aucune raison juridique pour déroger aux
conséquences logiques de l'annulation. Nous adoptons sur
ce point la conclusion de la jurisprudence exprimée par
l'arrêt de rejet du 16 juin 1879 (2), sauf la réserve par
nous faite relativement à la théorie de la nullité absolue
en matière de contrat de mariage.

Quant aux fins de non recevoir à opposer à l'action en
nullité pour dol du régime de communauté conventionnelle, nous ne voyons aucun motif particulier de rejeter
la ratification qui, loin de porter atteinte au principe de
l'art. 1395, comme le prétendent les partisans de la nullité absolue, y donne au contraire pleine satisfaction, en
rendant définitif le régime adopté, en purgeant le contrat
de mariage du vice qui le rendait annulable et incertain.
Cette ratification sera-t-elle *hic et nunc* définitive ou, au
contraire, révocable, comme contenant un avantage indirect entre époux, tombant sous l'application de l'art. 1096 ?
Nous ne croyons pas pouvoir ici reproduire ce que nous
avons admis plus haut à propos de la ratification des donations et même des gains de survie : car il s'agit, non
d'avantages distincts du régime, mais du régime matrimonial lui-même, qui ne peut être considéré comme donation, même lorsqu'il contient des avantages réels ; il

(1) Cf. Aubry et Rau, § 504, texte 2°, 4e édit., t. V, p. 220.
(2) *Pal.*, **80**, 37.

suffit, du reste, de comparer les art. 1525 al. 2 et 1516
entre eux et de rapprocher celui-ci du texte de Pothier,
d'où il a été extrait (1), pour se convaincre que le pré-
ciput est une donation qui, par faveur, est dispensée des
formes de la donation (insinuation, à l'époque de Pothier, transcription aujourd'hui); tandis que les clauses
de communauté conventionnelles, celle même qui attribue
au survivant des deux époux ou à l'un d'eux seulement la
totalité de la communauté, ne sont soumises à aucune des
règles même de fond des donations (art. 1525) (2); l'on
ne peut donc invoquer l'art. 1096 pour rendre révocable
leur confirmation pendant le mariage. La confirmation
dont nous admettons la possibilité pourra être expresse
ou tacite et devra être conforme, pour sa validité, aux
conditions de l'art. 1338 C. civ. Tacite, elle résultera de
tout acte d'exécution postérieur à la découverte du dol et
impliquant nécessairement le maintien du régime adopté.
Elle pourra également être induite du fait seul de la célébration du mariage, lorsqu'il sera démontré qu'à cette
époque le vice qui entachait le contrat de mariage a disparu, que le dol a été découvert et a cessé ; le seul fait
par le futur conjoint, victime de manœuvres frauduleuses
par lui reconnues, de ne pas protester contre le contrat
qu'il avait adopté sous l'empire de ces manœuvres, suffit
pour impliquer clairement de sa part l'intention de maintenir ce contrat, puisque, pouvant le faire, il ne le modifie pas ; la célébration du mariage, qui est l'accomplissement de la condition suspensive mise aux conventions
matrimoniales, est le premier acte d'exécution de ces
conventions : si donc elle intervient après la disparition

(1) Pothier, *De la Communauté*, n° 442 ; — Pothier, *Des Donations
entre vifs*, n° 224.

(2) Cf. Colmet de Santerre, VI, n°s 183, 6, 7, 1 et II.

du vice et la découverte du dol qui les rendait annulables, elle opère ratification tacite de ces conventions,
conformément à l'art. 1338. C'est ce que décident avec
raison les auteurs, qui admettent les nullités relatives du
contrat de mariage pour le contrat passé par un mineur
non habilité, mais suivi de la célébration régulière du
mariage (1).

La prescription décennale de l'art. 1304 sera la seconde fin de non recevoir à opposer à l'action en nullité
pour dol. Mais elle sera suspendue pendant le mariage
(art. 2253), puisque c'est entre époux que l'action a lieu.

Il ne nous reste plus, pour épuiser ce sujet si plein de
difficultés, qu'à étudier les conséquences du dol sur le
régime de communauté légale, soit expresse, soit tacite.

Les deux points réellement délicats sont ici : 1° l'admissibilité de la nullité pour dol; 2° le régime à substituer
à la communauté légale annulée, si nous admettons l'annulation.

Il n'est point contestable d'abord que la communauté,
même légale, ne puisse faire éprouver une lésion souvent
considérable aux époux; car si nous supposons, à titre
d'exemple, la fortune de l'un d'eux entièrement mobilière
et celle de l'autre immobilière ou nulle, il n'est pas dou-
teux que le premier sera dépouillé au profit de l'autre de
la moitié de ses biens. Cette lésion, quelque considérable
qu'elle soit, sera insuffisante par elle-même pour vicier le

---

(1) Marcadé, art. 1398, n° II ; Rodière et Pont, 1, n° 38 (1re édition).
— Dans leur 2e édition, n° 40, ces auteurs ont changé d'opinion et nous
paraissent se contredire en admettant le caractère relatif de la nullité du
contrat de mariage pour minorité, et cependant l'impossibilité de ratification par la célébration régulière du mariage, qui ne s'explique que
par l'inexistence ou défaut de formes du contrat. Cf. cependant dans le
même sens Aubry et Rau, § 502, texte 3°, notes 32 et 33, 4e édition,
t. V, p. 246.

contrat (art. 1118 C. civ.); mais si elle n'est éprouvée qu'à la suite de manœuvres frauduleuses caractérisées, qui ont entraîné l'adoption de ce régime, le consentement se trouve vicié, n'est plus entier, et la convention devient annulable, par application du droit commun (art. 1116 et 1117) auquel il n'est point dérogé. Il est bien vrai que la loi ne considère pas, en principe, les avantages indirects résultant de la communauté comme un enrichissement gratuit (art. 1496); mais il faut considérer que, ce régime fût-il un acte à titre onéreux, le dol n'en sera pas moins un vice du consentement, les art. 1116 et 1117 ne faisant aucune distinction entre les contrats gratuits et les contrats à titre onéreux. Ce que nous venons de dire touchant l'admissibilité de l'action en annulation pour dol, s'applique aussi bien à la communauté légale tacite, c'est-à-dire sans contrat, qu'à la même communauté adoptée par un acte exprès : en sorte qu'on pourra diriger indistinctement cette attaque contre le contrat de mariage et contre l'absence de tout contrat. Cela s'explique et se justifie par cette considération que la communauté légale tacite, établie par la loi en l'absence de pacte exprès (art. 1393 et 1400), n'est autre qu'un régime conventionnel, adopté d'un commun accord, et pour l'adoption duquel le consentement doit, par conséquent, être exempt de tout vice. Il peut paraître bizarre, au premier abord, de critiquer pour lésion dolosive le régime que la loi considère comme le type le plus parfait des combinaisons possibles en cette matière, du régime qu'elle recommande à l'adoption des époux comme le plus conforme au but du mariage, et qu'elle choisit pour eux lorsqu'ils ne l'ont pas formellement exclu. Mais il faut bien remarquer que la loi n'impose rien, que le silence des époux est, de leur part, un choix que la loi se borne à consacrer, un accord entre eux, une convention tacite qui doit réunir toutes les con-

ditions de validité intrinsèque des conventions expresses
ordinaires; les lésions qui résultent de l'adoption de ce
régime doivent être voulues et librement acceptées, la loi
ne force personne et ne peut forcer les époux à les subir
malgré eux.

L'annulation de la communauté légale, expresse ou tacite, une fois prononcée pour dol, quelle sera la situation
respective des époux et sous quel régime se trouveront-
ils mariés? Là est la difficulté vraiment sérieuse.

Si, en effet, nous appliquons logiquement et à la rigueur les principes juridiques, il faut dire : le contrat de
mariage, exprès ou tacite, annulé, est réputé n'avoir jamais existé, les parties sont censées n'avoir adopté aucun
régime matrimonial : c'est alors la loi qui le choisit pour
elles et désigne précisément celui qui vient d'être annulé
pour dol, la communauté légale. Conclusion : l'action en
nullité pour dol n'aboutit à aucun résultat utile, ne modifie en rien la condition respective des époux : elle est
donc frustratoire, partant non recevable. La situation
peut être comparée à celle que la même logique rigoureuse crée pour le cas où les époux, ayant subordonné
l'adoption de la communauté légale à une condition, ont
omis d'indiquer le régime qui sera substitué à cette communauté : leur pacte étant incomplet sur ce point, et le
régime exprès par eux adopté disparaissant rétroactivement par la condition, ils sont censés s'être mariés sans
contrat et retombent sous la communauté qu'ils ont voulu
exclure (1).

Cependant remarquons une nuance importante entre les
deux situations : dans ce dernier cas, les parties sont en
faute de ne s'être pas suffisamment expliquées, ont fait un
contrat incomplet, et peuvent sans injustice supporter les

(1) Colmet de Santerre, VI, n° 16 *bis*, III.

8

conséquences de leur négligence, comme elles les supporteraient au cas où l'acte écrit, contenant leur convention et l'exclusion de la communauté légale, serait irrégulier en la forme et sans valeur. Bien au contraire, dans l'hypothèse que nous examinons, il s'agit de protéger une personne à laquelle aucune imprudence n'est imputable, dont le consentement n'a pas été libre et éclairé, a été surpris, et qui n'aurait certainement pas adopté la communauté légale, si elle n'avait pas été trompée. La logique rigoureuse des principes conduirait donc, à son égard, à une injustice et à une contradiction impossible à maintenir, en supposant admis en sa faveur, ce qui ne nous paraît plus contestable, l'action en nullité pour dol.

Des auteurs d'une grande autorité, MM. Aubry et Rau (1), n'ont pas même hésité à admettre ce résultat équitable pour l'hypothèse, moins favorable, que nous rapprochions de la nôtre : la communauté légale, repoussée par les contractants, en cas de réalisation de la condition, ne peut continuer malgré eux lors de l'événement qui doit l'exclure. *A fortiori* la même solution doit-elle être étendue au cas d'annulation pour dol.

Reste donc à déterminer le régime qui sera substitué à la communauté. Il ne peut évidemment être question du régime dotal, qui est essentiellement exceptionnel et dans lequel la dotalité elle-même doit être expressément stipulée. On ne peut donc hésiter qu'entre le régime exclusif de communauté et la séparation de biens. M. Bertauld (2) a bien présumé, dans le cas de nullité pour incapacité, la communauté d'acquêts : cherchant à donner

(1) Aubry et Rau, § 504 texte 2°, note 2, 4° édit., t. V, p. 270.

(2) *Questions pratiques sur le Code civil : des nullités des contrats de mariage*, § VI, nᵒˢ 620 et ss., t. 1ᵉʳ, p. 492, — *Revue critique*, 1865, XXVI, pp. 293 à 295.

ainsi satisfaction à la loi qui établit la communauté à défaut d'autre régime, et à l'incapacité qui est incompatible
avec les aliénations et abandons résultant de la communauté ordinaire. Mais, sans nous arrêter à l'arbitraire
et au défaut de base de ce système, ce régime nous paraît
devoir être écarté ici, parce qu'il produirait des lésions
contre lesquelles il s'agit de protéger l'époux victime de
dol. Le choix est donc restreint au régime exclusif de
communauté et à la séparation de biens.

La séparation de biens peut paraître au premier abord
préférable, et elle a ses partisans : d'une part, en effet,
elle est plus énergiquement protectrice que le régime exclusif de communauté ; d'autre part, elle paraît être *a
priori* le régime normal des époux qui n'ont pas ou n'ont
plus de contrat de mariage ; l'interprétation naturelle de
leur silence ou le remède à leur situation est le maintien
de leur condition respective avant le mariage à laquelle
ils ne manifestent pas l'intention de déroger, c'est-à-dire
la continuation de la séparation de leurs biens tant pour
la propriété que pour l'administration et la jouissance.

— Mais les caractères que le Code civil a donnés à la
séparation de biens nous paraissent empêcher la substitution de ce régime au contrat de mariage annulé. Loin
d'être d'après la loi un régime normal et naturel, il est
essentiellement exceptionnel : il suppose une telle défiance
à l'égard du mari et jette un tel discrédit sur l'harmonie
du ménage, que la loi veut une intention bien manifestée
des époux pour son adoption, et que lorsqu'elle le crée sans
convention, elle ne le crée qu'à regret, après une foule de
précautions et en faveur de la femme seulement. La séparation de biens serait, en outre, injuste pour le cas où le
mari est précisément victime du dol de sa femme, et inutile
au moins *a priori* s'il en est l'auteur, car il a pu vouloir
dolosivement s'enrichir au détriment de sa femme et cepen-

dant être un bon administrateur de ses biens, la spécula-
tion étant déjouée; dans tous les cas, on ne peut présu-
mer ce qui n'est pas prouvé : sauf, bien entendu, la
ressource extrême de la séparation judiciaire, soit de corps,
soit de biens, au cas où elle deviendrait nécessaire.

Nous arrivons ainsi, par voie d'exclusion plutôt que directement, à choisir pour régime résultant de l'annulation de la communauté légale, le régime exclusif de communauté, que MM. Aubry et Rau, d'accord en cela avec
Duranton (1) et Battur (2), substituent à la même communauté soumise à une condition réalisée, en cas de silence des époux sur le régime qui doit la remplacer. La
communauté est exclue, annulée, elle cause un préjudice
que l'époux trompé n'aurait pas accepté s'il avait été
éclairé lors du contrat de mariage; il paraît naturel de le
déclarer marié sans communauté, sous un régime qui ne
lui fera subir aucune lésion et qui cependant n'est pas
contraire à la situation normale des époux, puisqu'il laisse
au mari, chef de la famille, l'administration et la jouissance des biens de sa femme : ce régime paraît beaucoup
plus naturel que la séparation de biens, car, tout en
laissant à la femme la propriété de tous ses biens, il en
donne les revenus et l'administration au chef naturel du
ménage chargé de pourvoir à la subsistance de la famille.

Nous ne proposons toutefois qu'avec une extrême réserve ces solutions souverainement équitables, mais qui
dépassent peut-être un peu les limites étroites d'une logique rigoureusement juridique. Nous ne nous dissimu-
lons pas le caractère quelque peu anormal de ce régime
judiciaire qui sera substitué à la communauté annulée et

(1) Duranton, XIX, nos 97 et 98.

(2) Battur, *Traité de la communauté de biens entre époux*, II,
no 251.

remplacera précisément le régime de droit commun que
la loi établit lorsque les époux se trouvent sans régime
par eux expressément choisi. Cependant il nous paraît
difficile, illogique et en même temps peu équitable d'admettre l'annulation pour dol des régimes de communauté
conventionnelle et de repousser celle de la communauté
légale, qui peut produire des lésions importantes quoique
à un moindre degré que les précédents.

Ce qui nous paraît certain, c'est que la situation que
nous étudions a échappé à l'attention du législateur, et
de même qu'il ne l'a pas prévue pour écarter l'application
du droit commun en matière de vices du consentement,
de sorte que cette application ne saurait être refusée, de
même on doit constater qu'il a omis de réglementer les
détails délicats de cette application. Cette lacune de la loi
peut, en attendant mieux, être comblée par la jurisprudence, dans les cas heureusement rares où le dol se produit, et la solution que nous proposons ne nous paraît
choquer directement aucun principe au point de devoir
être écartée.

Nous ne reviendrons pas sur les effets de l'annulation
à l'égard des tiers, ni sur les fins de non-recevoir qui
peuvent écarter l'action en nullité; on peut appliquer ici,
mutatis mutandis, les principes que nous avons posés à
propos de l'annulation de la communauté conventionnelle.

2ᵉ Hypothèse. — *Dol et fraude postérieurs au contrat de mariage,
et commis dans l'intervalle de ce contrat à la célébration du
mariage.*

Les notions historiques que nous avons données relativement à notre ancienne jurisprudence, nous ont mis au
courant des fraudes dont les futurs époux peuvent se
rendre coupables dans l'intervalle de temps qui sépare le
contrat de mariage de la célébration du mariage.

Ces fraudes varient suivant les régimes adoptés. Nous allons voir comment notre Code et la jurisprudence actuelle ont essayé de les réprimer et nous suivrons l'ordre adopté pour l'ancien Droit.

§ 1er. *Régime de communauté.*

Le Code a prévu et empêché, comme notre ancienne jurisprudence, la fraude consistant à immobiliser et rendre propre après la rédaction du mariage, mais avant la célébration, la fortune mobilière sur laquelle l'autre futur époux comptait et dont la mise en commun avait peut-être déterminé le projet d'union. L'art. 1404 fait entrer dans la communauté ces immeubles, pour que le conjoint dont on voulait frustrer les espérances retrouve dans l'actif commun la valeur sur laquelle il comptait : « Les im-
» meubles que les époux possèdent au jour de la célébra-
» tion du mariage, dit cet article, ou qui leur échoient
» pendant son cours à titre de succession, n'entrent point
» en communauté. — Néanmoins, si l'un des époux avait
» acquis un immeuble depuis le contrat de mariage con-
» tenant stipulation de communauté, et avant la célébra-
» tion du mariage, l'immeuble acquis dans cet intervalle
» entrera dans la communauté, à moins que l'acquisition
» n'ait été faite en exécution de quelque clause du ma-
» riage, auquel cas elle serait réglée suivant la conven-
» tion. »

Le sens et l'application de ce texte ne sauraient soulever de difficultés. Cependant les auteurs se divisent sur la détermination des motifs qui ont fait édicter cette disposition par les rédacteurs du Code. Les uns (1) pensent

_____

(1) **Aubry et Rau**, § 507 texte 3e, lettre et note 45, 4e édit., V, p. 295.

que cette disposition de l'al. 2 de l'art. 1404 est tou
exceptionnelle et déroge au principe général posé dans
l'al. 1 du même article, que tous les immeubles appartenant aux époux lors de la célébration du mariage, leur
restent propres. Cette exception a été introduite pour
punir la fraude dont l'un des futurs époux s'était rendu
coupable envers l'autre, et pour détruire, autant que
possible, les effets préjudiciables de cette fraude. D'après
d'autres auteurs (1), cette disposition serait, au contraire,
l'application d'un principe général et de droit commun
et dérogerait, à ce titre, à la règle de l'art. 1404, al. 1 :
Les conventions matrimoniales, une fois rédigées, ne
peuvent être changées, dit-on, que suivant les formes dé-
terminées par les art. 1396 et ss.; aucun changement ne
peut donc y être apporté tacitement. Or, l'immobilisation
des valeurs mobilières possédées, apportées et le plus
souvent déclarées lors du contrat de mariage, constitue
un changement notable à la situation pécuniaire acceptée, aux conventions matrimoniales primitives : ce changement tombe donc sous le coup de la prohibition édictée
par l'art. 1396, et l'art. 1404, al. 2, en faisant tomber
en communauté les immeubles ainsi acquis, se borne à
appliquer cette règle générale. En sorte que cette décision du législateur présente un double caractère : dérogation à l'al. 1 de l'art. 1404, application du droit commun de l'art. 1396. Cette dernière explication paraît être
conforme à l'esprit qui a présidé à la rédaction du Code,
car elle était celle que Pothier, leur guide habituel surtout en matière de communauté légale, donnait des dispositions coutumières réglementant les changements aux
conventions matrimoniales avant le mariage, et de l'im-

(1) Laurent, XXI, 262; — Colmet de Santerre, VI, n° 326 bis, I et
II, pp. 65 et suiv.

mobilisation des valeurs mobilières possédées au moment de leur rédaction : cependant il faut remarquer que cette disposition n'en est pas moins une application particulière et par conséquent exceptionnelle d'un principe, et qu'elle constitue une dérogation à la règle générale de l'al. 1 de l'art. 1404.

L'application de l'article 1404, al. 2, a soulevé en pratique certaines difficultés en matière de communauté réduite aux acquêts, à raison de l'inexistence sous ce régime du motif tiré d'une fraude préjudiable : en effet, les meubles et les immeubles appartenant aux époux lors de la célébration du mariage leur restent propres, de telle sorte que l'immobilisation postérieure au contrat de mariage des biens mobiliers apportés et déclarés, ne change rien à la situation de l'autre époux qui n'a jamais droit aux biens de son conjoint existant lors du mariage, quelle que soit leur nature. Le motif de protection contre la fraude disparaissant, il semble que l'article 1404, al. 2, soit inapplicable à ce régime, et c'est ce qu'a décidé un arrêt de la Cour de Bordeaux du 24 août 1869 (1), conformément à l'opinion enseignée par un jurisconsulte dont l'autorité en cette matière est d'un grand poids, Tessier (2). Cependant la théorie contraire, qui consiste à étendre à la communauté d'acquêts la disposition de l'article 1404, al. 2, a trouvé des partisans et a été consacrée par le tribunal civil de Nantua, dont le jugement du 18 novembre 1868 fut réformé par la Cour de Bordeaux (arrêt cité *supra*), et par la Cour de Paris par arrêt du 6 décem-

(1) *Pal.*, 70, 448.

(2) *Traité de la Société d'acquêts*, n° 8, pp. 16 à 25. *Add.*, 2ᵉ édition, revue, annotée et complétée d'après le Code civil, mise au courant de la doctrine et de la jurisprudence par M. P. Deloynes, professeur de Code civil à la Faculté de Droit de Bordeaux, n° 8 *bis*, pp. 36 et 37 et note 2.

bre 1855 (1). L'application de l'article 1404, al. 2, qui aurait pour effet de faire tomber l'immeuble ainsi acquis avant le mariage dans l'actif de la société d'acquêts, comme s'il eût été acheté après la célébration du mariage, se fonde : 1° sur l'article 1528 qui renvoie, pour le complément des dispositions du Code en matière de communauté conventionnelle, au droit commun de la communauté légale et qui, par conséquent, se réfère implicitement à l'article 1404 auquel il n'est pas dérogé ; 2° sur l'article 1396, dont l'article 1404, al. 2, n'est qu'une application, de telle sorte que l'immeuble ainsi acquis, par une modification tacite des conventions matrimoniales, doit appartenir à la société d'acquêts, en compensation du préjudice par elle éprouvé : la substitution d'un immeuble à une valeur mobilière, quoique cette valeur doive rester propre, prive la communauté de revenus souvent considérables, les revenus d'un immeuble étant loin d'être équivalents à ceux des valeurs mobilières ; de plus, lorsque l'immeuble est acquis avec une somme d'argent possédée par l'époux, la société se trouve privée du quasi-usufruit, c'est-à-dire de la propriété et libre disposition de la somme, sauf restitution à la dissolution : ce préjudice doit donc être réparé par le moyen indiqué dans l'article 1404, al. 2, qui peut être légitimement étendu, d'après l'article 1528, à la communauté d'acquêts. Nous adopterons pour notre compte, avec M. Laurent (XXIII, 137) et M. Deloynes, dans la note 2ᵉ, p. 37 de son édition de Tessier, la solution de celui-ci et de la Cour de Bordeaux qui se refusa à étendre ici l'article 1404 En effet, si l'article 1404 veut empêcher des changements frauduleux à la situation pécuniaire des futurs époux réglée par le contrat de mariage et se trouve en cela d'accord avec l'article 1396,

(1) *Pal.*, 57, 515 ; — D , 56, 2, 28.

il est aussi incontestable qu'il statue sur une hypothèse particulière et établit une règle en harmonie avec cette hypothèse et le but qu'il se propose ; or, il prévoit le cas où l'un des époux, apportant des biens mobiliers qui doivent entrer en communauté, fait disparaître ces biens en leur substituant des immeubles qui devraient lui rester propres, de sorte qu'il va priver l'autre conjoint de la valeur sur laquelle il comptait : l'article 1404, al. 2, punit alors cette fraude, ce changement indirect aux apports convenus, par un moyen de nature à réparer le préjudice causé, c'est-à-dire en maintenant dans l'actif commun la valeur qu'il voulait en soustraire et qui se trouve en dernier lieu représentée par un immeuble. Cet article, si on le considère comme application de l'article 1396, est donc cependant une disposition spéciale en ce qu'il vise une hypothèse particulière et établit un moyen d'éviter la fraude également particulière adaptée au cas par lui prévu. On ne saurait l'étendre à d'autres cas sans en fausser l'esprit, et notamment il n'a plus de raison d'être, et l'on ne comprend pas son application à la société d'acquêts, dans laquelle tous les biens meubles et immeubles appartenant aux époux au moment du mariage restent propres. On ne voit pas pourquoi, par cela seul qu'un immeuble a été substitué à un meuble dans l'intervalle qui sépare la rédaction des conventions matrimoniales de la célébration du mariage, cet immeuble tomberait dans l'actif commun, puisque le meuble qu'il remplace n'y serait pas tombé lui-même et qu'il n'y a pas lieu dès lors de réparer un préjudice analogue à celui prévu par l'article 1404, al. 2. Quant à l'article 1528, il ne doit s'entendre que d'un renvoi aux dispositions générales et non aux règles spéciales de la communauté légale.

Ce que nous venons de dire du caractère spécial de l'article 1404, al. 2, et de l'hypothèse particulière qui y est

visée, nous servira à la solution d'une question fort douteuse, dans le cas précisément inverse de celui que règle
cet article : lorsque l'un des époux ayant, lors du contrat
de mariage, une fortune immobilière, la mobilise avant
le mariage, les meubles ainsi substitués aux immeubles ou
la créance du prix de vente, resteront-ils propres comme
les biens dont ils tiennent la place ; ou bien, au contraire,
tomberont-ils en communauté, de telle sorte que la situation pécuniaire des époux se trouvera changée par cette
mobilisation ? MM. Aubry et Rau (1), Laurent (2), Colmet
de Santerre (3), n'hésitent pas à appliquer une décision
analogue à celle de l'article 1404, mais en sens contraire ;
tandis que d'après l'article 1404 , l'immeuble acquis
après le contrat de mariage et avant le mariage tombe
dans l'actif de la communauté, les meubles acquis à la
même époque à la place d'immeubles resteront propres ;
mais le principe de solution est toujours le même : assurer
le maintien et le respect de la situation acquise lors des
convention matrimoniales, conserver aux valeurs respectives des futurs époux leur destination primitive quelle
que soit la nature des biens qui les représentent au moment du mariage. Ces auteurs reconnaissent bien que le
changement indirect apporté par l'un des fiancés à sa
situation pécuniaire est bien différent de celui qu'a voulu
éviter l'article 1404, puisque dans le cas prévu par cet
article l'autre futur époux se trouvait grandement lésé par
ce changement ; tandis qu'ici, il y gagnera en obtenant à
la place d'un bien propre un meuble tombé en communauté. Mais l'autorité de Pothier, que nous avons cité
dans notre étude relative à l'ancien droit (4), les a entraî-

---

(1) § 507, texte 1°, note 7, t. V, p. 283.
(2) XXI, 268.
(3) VI, n° 32 bis, IV.
(4) Traité de la Communauté, n°s 281 et 653.

nés : l'art. 1396 prohibant les changements aux conventions matrimoniales sans les formalités qui y sont précisées, les donations et avantages indirects résultant entre futurs époux de la mobilisation de leurs fortunes ne sauraient être autorisés, et par suite les meubles ainsi acquis doivent rester propres.

Cette opinion a trouvé d'énergiques contradicteurs dans Marcadé (1), Mourlon (2), Toullier (3), Rodière et Pont (4), Bugnet sur Pothier (5). Ces auteurs écartent l'application par analogie de l'art. 1404 qu'ils considèrent comme spécial et exceptionnel et suivent simplement le droit commun de l'article 1401 1° qui fait tomber en communauté, sans aucune distinction, tout le mobilier que les époux possèdent au moment de la célébration du mariage et qui, admettant cependant l'existence de meubles propres sous le régime de la communauté légale, ne signale comme pouvant l'être que ceux acquis pendant le mariage. Ces termes si absolus et si généraux pour les meubles, rapprochés de l'exception admise par l'article 1404 relativement aux immeubles, sont la preuve incontestable que les rédacteurs du Code n'ont pas voulu admettre d'exception à l'article 1401, alors surtout qu'ils avaient présents à l'esprit les termes de Pothier qui confondait dans une solution analogue et dérogatoire au droit commun, les deux hypothèses d'immobilisation et de mobilisation des apports déclarés au contrat de mariage. Le fait de n'avoir inséré dans le Code que la portion de cette règlementation exceptionnelle relative à

(1) Art. 1404 à 1406, n° 1.
(2) *Répétitions écrites*, III, n° 31 note.
(3) XII, 171.
(4) I, 329.
(5) T. VII, p. 316.

la première hypothèse, est une preuve suffisante de l'intention d'écarter celle relative à la seconde et de la laisser entièrement sous l'empire du droit commun. En d'autres termes, les rédacteurs du Code ont bien admis la nécessité de protéger chaque futur époux contre les fraudes préjudiciables de l'autre, mais non de le protéger contre lui-même et contre ses propres entraînements. En présence du texte général et sans restriction de l'article 1404 1°, du texte spécial et restreint de l'article 1401, al. 2, comparés avec la théorie de Pothier, cette dernière opinion nous paraît la seule conforme à l'intention des rédacteurs du Code civil ; de sorte que les meubles acquis après le contrat de mariage tomberont en communauté, quoique remplaçant des immeubles destinés à rester propres et que le conjoint de l'auteur de cette modification obtiendra un avantage indirect non prévu au contrat de mariage, mais qui ne paraît pas avoir été prohibé, par suite du silence du Code sur cette hypothèse.

§ 2. *Régime dotal.*

Les biens dotaux ne deviennent plus aujourd'hui, en règle générale, la propriété du mari ; la femme n'a donc pas besoin d'être protégée contre les actes que celui-ci pourrait consentir sur ces biens avant le mariage. Le mari ne peut aliéner, hypothéquer les biens dotaux avant comme après la célébration du mariage, par la raison qu'il n'a sur eux aucun droit de propriété, qu'il aliénerait et hypothéquerait la chose d'autrui. Mais dans notre droit, l'utilité de la protection ne s'en présente pas moins pour la période intermédiaire du contrat de mariage à la célébration de l'union, quoique dans un sens inverse du Droit romain. Si ce n'est plus la femme qu'il faut protéger, c'est le mari qui peut souffrir des actes passés par elle dans cette période. En effet, si la fiancée est absolument libre, avant son mariage, mais après la signature du contrat, de disposer des biens dotaux, elle pourra rendre absolument illusoire la constitution dotale : 1° en contractant des dettes payables sur ces biens ; 2° en les grevant d'hypothèques ; 3° en les aliénant et leur substituant soit la créance du prix, soit d'autres biens acquis en échange qui, n'ayant pas été constitués en dot, seront paraphernaux (art. 1541 et 1574) et échapperont au droit de jouissance du mari. La dot se trouvera ainsi dissipée avant le mariage et le mari privé des ressources pécuniaires sur lesquelles il comptait pour subvenir aux charges du ménage? La loi a-t-elle employé quelques moyens pour déjouer ces fraudes et quels sont-ils ? C'est ce que nous allons examiner maintenant.

La question des dettes chyrographaires par lesquelles la femme pourrait rendre illusoire la constitution dotale, se trouve d'abord implicitement résolue par la loi dans l'art. 1558, al. 4, C. civ., dans le sens de la protection de la dot mise à l'abri des fraudes commises après la rédaction du contrat de mariage. Cet article permet, en effet, l'aliénation amiable, mais avec autorisation et formalités de justice, de l'immeuble dotal pendant le mariage, *pour payer les dettes de la femme, etc., lorsque ces dettes ont une date certaine antérieure au contrat de mariage*, c'est-à-dire lorsque ces dettes sont officiellement antérieures à ce contrat : cette aliénation amiable est permise, de l'aveu de tous les auteurs (1), pour éviter les formalités plus longues et coûteuses de l'expropriation

____

(1) Aubry et Rau, § 538 texte 1°. note 3 ; § 537 texte 6°, lettre A, notes 120 et ss.; — Laurent, XXIII, 527 et 548 ; — Colmet de Santerre, VI, 230 *bis*, II et III ; — Marcadé, art. 158, n° 3 ; — Montpellier, 7 janvier 1830 ; D., 30, 2, 131 ; Sir., 30, 2, 69.

forcée, de la saisie immobilière; elle suppose le droit de
saisie de l'immeuble dotal par les créanciers. Ce droit de
saisie et l'autorisation d'aliéner de l'art. 1558, al. 4, sont
corrélatifs : si donc cette aliénabilité exceptionnelle du
fonds dotal n'existe pas lorsque les dettes sont postérieures au contrat de mariage, quoique antérieures au
mariage, c'est que ces dettes ne peuvent être exécutées
sur le fonds dotal et que la loi, pour protéger le futur
mari contre les fraudes de sa fiancée, a jugé nécessaire
d'avancer ainsi l'inaliénabilité de la dot, et de la faire
remonter au jour même de la rédaction des conventions
matrimoniales. Cependant quelques auteurs (1), dont l'opinion ne paraît pas avoir triomphé dans la doctrine, in-
terprètent autrement l'art. 1558, al. 4, et entendent les
mots *contrats de mariage* dans le sens de *célébration du
mariage*, du mariage contracté et non des conventions
matrimoniales, dans le sens que Pothier donnait à cette
expression dans son *Traité du contrat de mariage*; de
telle sorte que, dans cette opinion, toutes les dettes
antérieures au mariage, quoique contractées après la
rédaction des conventions matrimoniales, pourraient être
exécutées sur les biens dotaux. Cette opinion, qui laisse-
rait le mari exposé aux fraudes commises par la femme
après la rédaction du contrat de mariage, a été consacrée
par quelques arrêts : « Attendu, en droit, dit la Cour de
» Rouen dans un arrêt du 10 janvier 1867 (2), que le § 4
» de l'art. 1558 C. civ., en permettant l'aliénation des
» biens dotaux pour le paiement des dettes de la femme
» ou de ceux qui ont constitué sa dot, lorsqu'elles ont

---

(1) Toullier, XIV, 340 et ss.; — Bellot des Minières, *Régime dotal*,
t. II, n° 1512; — Cubain, *Droit des femmes*, n° 395; — Boileux, *Com-
mentaires sur le Code civil*, sur l'art. 1558, t. V, p. 447.

(2) *Pal.*, 67, 467. Sir., 67, 2, 109.

» une date antérieure au *contrat de mariage*, entend par
» ces mots, non le contrat réglant les conventions d'une
» union projetée, incertaine alors, mais le *mariage lui-*
» *même*, c'est-à-dire la célébration devant l'officier de
» l'état civil, qui seule rend ces conventions définitives,
» irrévocables, confère aux contractants la qualité de
» mari et de femme, et prévient, par la publicité qui pré-
» cède cet acte solennel, les graves inconvénients qui
» résulteraient pour les tiers de l'interprétation donnée
» par le premier juge aux mots : *le contrat de mariage*;
» qu'aussi une loi du 18 juillet 1850, voulant lever tout
» doute à cet égard, a organisé une publicité plus grande
» pour empêcher les tiers d'être victimes des fraudes pra-
» tiquées à leur préjudice par des femmes se présentant
» à eux comme libres et maîtresses de contracter, dans
» un intervalle de temps plus ou moins long entre le con-
» trat réglant les conventions-civiles et l'acte de célé-
» bration du mariage; qu'il faut donc entendre par *con-*
» *trat de mariage* le *mariage même*; que c'est, en effet,
» ce qui semble résulter de l'observation faite par le
» consul Cambacérès, dans la séance du Conseil d'Etat
» du 4 brumaire an XII, sur l'art. 168 qui a reproduit,
» en le modifiant, l'art. 1558, et de l'Exposé des motifs
» de ce dernier article par le conseiller d'Etat Berlier,
» dans la séance du 12 pluviôse de la même année; que
» cette solution paraît aussi résulter de la combinaison
» de l'art. 1554 avec le § 4 de l'art. 1558, qui énumère
» les exceptions à l'inaliénabilité, pendant le mariage,
» des immeubles constitués en dot, etc. »

La Cour de Montpellier qui, le 7 janvier 1830, avait
consacré la doctrine générale écartant les dettes postérieures aux conventions matrimoniales, paraît cependant
avoir suivi la jurisprudence de la Cour de Rouen et
entendu les mots contrat de mariage dans le sens de cé-

lébration du mariage, dans un arrêt du 13 novembre
1878 (1); mais elle ne résout pas directement la question : « Attendu, dit cette cour, qu'aux termes de l'art. 1558
» C. civ., les biens dotaux peuvent être aliénés pour
» payer les dettes de la femme, lorsque ces dettes ont une
» date certaine antérieure au *contrat de mariage*; qu'il
» suit de là que les créanciers de la femme *antérieurs au*
» *mariage* peuvent poursuivre le paiement de leur créance
» sur tous les biens de celle-ci, sans distinction entre
» les biens dotaux et les biens paraphernaux, la femme
» n'ayant pu, par ses conventions matrimoniales, chan-
» ger la nature des biens qui étaient tous sans distinc-
» tion, le gage de ses créanciers; — Attendu qu'il n'est
» pas nécessaire que les créanciers de la femme produi-
» sent un titre de créance ayant acquis la forme authen-
» tique et exécutoire *antérieurement au mariage*; qu'il
» suffit que la créance ait une date certaine antérieure
» *au mariage*, suivant les termes formels de l'art. 1558;
» qu'exiger un titre paré *antérieur au mariage* serait
» ajouter à la loi une disposition pouvant avoir de graves
» conséquences pour les créanciers de la femme, et
» pour le crédit de la femme elle-même *avant son ma-*
» *riage*, etc. »

La chambre civile de la Cour de cassation a rendu le
18 décembre 1878 un arrêt (2) qui a produit une grande
sensation dans le monde juridique à cause de sa portée
large et générale de protection pour les fiancés; cet
arrêt consacre, dans un de ses motifs, la doctrine qui,
interprétant les mots *contrat de mariage* de l'art. 1558
dans leur sens vulgaire de conventions matrimoniales,
place la dot sous la garantie de l'inaliénabilité à compter

(1) *Pal.*, 79. 321.
(2) *Pal.*, 81, 859.

9

du contrat de mariage pendant l'intervalle de temps qui sépare la signature de ce contrat de la célébration du mariage. « Attendu, dit cet arrêt dans un de ses consi-
» dérants, que si l'effet des conventions matrimoniales
» est subordonné à l'événement même de la célébration
» du mariage, lorsque cette célébration a eu lieu, l'ac-
» complissement de la condition a, aux termes de l'ar-
» ticle 1179 C. civ., un effet rétroactif au jour auquel
» l'engagement a été contracté ; — Attendu que cet effet
» rétroactif est applicable en matière de régime dotal ;
» que non-seulement la loi qui règle ce régime ne con-
» tient pas de dérogation à cet égard, *mais que plusieurs*
» *de ses dispositions, et notamment l'art.* 1558, en suppo-
» sent, au contraire, l'application... »

Avant d'examiner ce remarquable arrêt, il importe de nous fixer sur le sens à donner à l'art. 1558, al. 4, et sur le système admis par le Code en cette matière. Il nous paraît certain que le législateur de 1804 a pris ici le mot *contrat de mariage* dans le sens de *conventions matrimoniales*, et que les dettes que la femme a pu contracter après la rédaction de ce contrat, quoique ayant date certaine antérieure à la célébration du mariage, ne pourront être exécutées sur les biens dotaux. C'est ce qui résulte d'une manière indiscutable du rapprochement de cet article 1558, al. 4, avec les articles 1557, 1553, 1550, 1549, al. 3, dans lesquels le mot *contrat de mariage* est sans cesse pris dans le sens de *conventions matrimo-niales* : car il est impossible que les rédacteurs de ces articles venant d'employer dans ce sens cette expression, notamment dans l'article 1557, lui attribuent brusquement, dans l'article suivant, un sens tout diffé-rent, alors qu'il leur était si facile de préciser autrement leur pensée en parlant de mariage, de célébration du mariage. Quant aux travaux préparatoires invo-

qués par la Cour de Rouen, ils ne fournissent rien de
précis pour fixer comme elle l'entend le sens des mots
contrat de mariage : bien au contraire, on y voit une pro-
position du consul Cambacérès, que cite cette cour,
tendant à *réduire l'aliénabilité pour dettes*, *aux seules
dettes contractées antérieurement au mariage et constatées
par un acte authentique ;* il demandait donc la modification dans ce sens du texte du projet. Or, ce texte est resté
le même, la loi n'exige pas d'acte authentique et se con-
tente de la date certaine ordinaire, les mots *contrat de
mariage* ont été maintenus : c'est donc qu'il n'a pas été
fait droit, dans la rédaction définitive, à la double réclamation du consul. Enfin, l'article 1440 peut servir à
montrer, dans une question analogue, à propos de la
date certaine nécessaire des dettes contractées par la
femme mariée en communauté avant le mariage, que les
rédacteurs du Code savent fort bien préciser leur pensée
et distinguer, quand il le faut, le contrat de mariage du
mariage même : dans l'article 1440, il suffisait, d'après
les motifs de la règle qu'il pose, que les dettes de la
femme eussent date certaine antérieure à la célébration
du mariage : aussi, les rédacteurs du Code n'ont-ils pas
parlé de *contrat de mariage*, mais du *mariage* (1).

La rétroactivité, que la loi attribue ainsi à l'inaliénabilité dotale au point de vue des dettes et qui a pour
résultat protecteur de faire produire aux conventions ma-

_____

(1) Des difficultés se sont élevées également sur la détermination des
événements qui peuvent donner la date certaine requise ; nous ne pouvons entrer dans les détails de cette controverse ; mais il nous paraît
qu'il faut purement et simplement se référer au droit commun de
l'article 1328, et que l'article 1558, en n'y dérogeant pas et par son
simple silence, l'a aussi bien consacré, et par les mêmes motifs de
protection contre la fraude, que l'article 1440 qui aurait pu se dispenser
d'en reproduire à peu près les termes.

trimoniales leurs effets avant le mariage, dès l'instant de
leur signature, n'est pas cependant sans dangers ; elle présente tous les inconvénients de la protection excessive,
elle compromet les droits des tiers qui n'ont à cette époque antérieure au mariage, en traitant avec une fille majeure, aucun motif de défiance, qui n'ont aucun moyen
pratique légal de se renseigner sur l'existence de ces
conventions modifiant si profondément la capacité. Mais
d'abord, il faut remarquer que le Code se préoccupait peu
de l'intérêt des tiers, puisqu'il n'exigeait même pas la publicité des actes translatifs de propriété immobilière, que
du reste l'intérêt des tiers ne sera pas absolument sacrifié,
car la dette postérieure au contrat de mariage, comme
celle contractée par la femme dûment autorisée pendant
le mariage, n'est pas nulle, mais seulement sans effets sur
la dot ; de sorte que les créanciers conservent toute garantie sur les paraphernaux. Du reste, si la femme avait
usé de fraude pour tromper ces tiers et leur faire croire à
des garanties plus considérables que celles que lui laissent
ses conventions matrimoniales, elle se rendrait coupable
envers eux d'un délit ou quasi-délit et pourrait être à ce
titre condamnée à des dommages-intérêts, pour le recou-
vrement desquels le créancier aurait action sur les biens dotaux, en respectant, du reste, la nue-propriété du mari (1).
Enfin, le danger ne devient réellement sérieux pour les
tiers que dans le cas rare de constitution universelle de
dot ; mais dans cette hypothèse encore on pourrait voir
un quasi-délit obligeant la femme sur sa dot, dans le fait
par elle d'avoir traité avec des tiers après la rédaction du
contrat de mariage, leur laissant ainsi, par sa faute, croire

---

(1) Pour la saisie de biens dotaux pour délits ou quasi-délits de la
femme, Trib. civ. Tours, 11 déc. 1883 ; Gaz. Pal., 16 fév 1883, et
les autorités citées.

à un crédit sans fondement. Le danger pour les tiers se restreint donc considérablement en pratique, puisqu'ils peuvent atteindre la dot toutes les fois que la femme usant de fraude à leur égard, leur aura fait croire à un crédit chimérique singulièrement restreint par la dotalité. De son côté, le mari sera à l'abri des conséquences de cette fraude, puisque son droit de jouissance sera respecté.

Sauf ce cas exceptionnel de mauvaise foi, le Code civil a, pour protéger la dot et mettre le futur mari à l'abri des fraudes de sa fiancée, fait rétroagir au jour de la signature du contrat de mariage l'inaliénabilité des biens dotaux, au point de vue des dettes qui peuvent les grever, de sorte que le régime dotal adopté produit à ce point de vue ses effets avant le mariage. Faut-il généraliser cette rétroactivité et faire d'une manière générale et absolue commencer l'inaliénabilité dotale avant le mariage, au jour même de l'adoption des conventions matrimoniales? L'intérêt de la question se présente en pratique, en cas de constitution particulière de certains biens dotaux, pour l'hypothèse où la future femme aliène des biens qu'elle a déclaré apporter en dot. Si l'on fait produire au contrat de. mariage ses effets dès sa rédaction et si le régime dotal commence à cette époque, les biens acquis en échange des immeubles dotaux déclarés aliénables à charge de remploi, seront eux-mêmes dotaux, frappés d'inaliénabilité sous la même condition et soumis au droit de jouissance du mari ; si le régime dotal ne produit ses effets qu'à dater de la célébration du mariage, l'aliénation de la dot aura été valablement faite et les biens acquis en retour seront paraphernaux, comme n'ayant pas été déclarés dotaux (art. 1574), de sorte que le mari se trouvera privé frauduleusement de la dot promise et sur laquelle il comptait. Si l'aliénation des biens dotaux n'a pas été autorisée par le contrat de mariage, cette

aliénation consentie avant le mariage sera ou non valable, suivant l'opinion que l'on se formera sur cette question générale. Enfin, selon que l'on protègera ou non le
mari et la dot par la rétroactivité des effets du régime,
les hypothèques consenties par la femme ou acquises de
son chef avant son mariage seront valables ou non sur
les immeubles dotaux, il sera permis ou défendu à la
femme de rendre absolument illusoire la constitution de
dot faite par elle dans son contrat de mariage.

La chambre civile de la Cour de cassation a, à propos
d'une question de remploi, rendu, sur cette rétroactivité
du régime dotal au jour de la signature du contrat de
mariage, un arrêt de cassation fort remarquable et qui a,
comme nous le disions plus haut, produit une profonde
sensation dans le monde judiciaire, par la doctrine nouvelle et générale qu'il consacre. Cet arrêt, rendu le 18 décembre 1878 (1), casse, conformément aux conclusions
de l'avocat-général, un arrêt de la Cour de Toulouse
en date du 18 mars 1876, consacre dans ses motifs
le principe général de la rétroactivité du régime dotal
adopté au jour même du contrat de mariage, et place
ainsi la dot sous les règles protectrices de ce régime pendant tout le temps où le mariage n'est qu'en projet et qui
s'écoule du jour de la signature du contrat de mariage à
celui de la célébration même du mariage. Cet arrêt est
tellement important par la règle générale qu'il pose, que
nous ne pouvons nous dispenser, pour l'apprécier conve-
nablement, de le transcrire ici avec la décision cassée de
la Cour de Toulouse.

Il s'agissait, en l'espèce, de statuer sur l'aliénation
d'un immeuble acquis en échange d'un bien dotal aliéné
lui-même avant la célébration du mariage. La Cour de

(1) *Pal.*, 81, 859.

Toulouse, dans son arrêt du 18 mars 1876 (1), déclare
valable cette aliénation. « Attendu, sur la question prin -
» cipale, qu'il n'est pas possible de voir dans l'acte
» d'échange l'exécution du contrat de mariage, c'est-à-
» dire l'aliénation des biens paternels et le remploi qu'il
» autorise, puisque, d'une part, l'acte est absolument
» muet quant au prétendu remploi ; que d'autre part,
» jusqu'à la célébration du mariage, le futur n'avait pas
» les droits du mari sur les biens de la future, qui en
» gardait la disposition et pouvait les aliéner, à ses ris-
» ques et périls ; enfin, qu'il n'y a eu des biens dotaux
» qu'à dater du mariage qui, seul, pouvait donner aux
» époux la qualité nécessaire pour les aliéner et en faire
» le remploi ; qu'il y a lieu de réformer sur ce point la
» décision entreprise..... »

La chambre civile de la Cour de cassation consacre la
solution juridique admise par le tribunal de Gaillac et
casse l'arrêt de Toulouse par les motifs suivants :

« La Cour : — Sur le premier moyen du pourvoi ; — Vu
» les art. 1396, 1179, 1560 C. civ. : Attendu que l'arrêt
» attaqué, tout en déclarant que les conditions prescrites
» par l'art. 1396 n'ayant pas été remplies, les conven-
» tions matrimoniales arrêtées par les futurs dans leur
» contrat de mariage n'ont pas été changées avant la cé-
» lébration, a décidé cependant que, par l'effet de l'acte
» d'échange passé avant ladite célébration, les immeu-
» bles acquis par la future étaient devenus de simples
» paraphernaux, bien que ceux aliénés par elle fussent,
» d'après une clause spéciale du contrat, déclarés ex-

(1) L'arrêt fut rendu par la deuxième chambre civile. Président,
M. Désarnauts ; conseillers, MM. Granié, Serville, Amilhau, Font,
Courdin, Delquié, Balbie ; ministère public, M. Frézou's, avocat gé-
néral ; avocats, Mes Albert, Clolus et Pillore.

» pressément dotaux mais aliénables à charge de remploi ;
» — Attendu que les biens immeubles ainsi acquis par la
» future se trouvant, même en l'absence d'une stipulation
» expresse de remploi, substitués à ceux aliénés par
» l'échange qui autorisait ledit contrat, étaient nécessai-
» rement devenus comme ceux-ci dotaux et aliénables à
» charge de remploi, et que cependant l'arrêt leur a at-
» tribué le caractère de paraphernaux ; — Attendu que
» pour justifier sa décision, l'arrêt se fonde sur ce que,
» dans l'intervalle du contrat à la célébration du ma-
» riage, la future avait conservé la libre disposition de
» ses biens ; — Attendu que si l'effet des conventions ma-
» trimoniales est subordonné à l'événement même de la
» célébration du mariage, lorsque cette célébration a eu
» lieu, l'accomplissement de la condition a, aux termes
» de l'art. 1179 C. civ., un effet rétroactif au jour auquel
» l'engagement a été contracté ; — Attendu que cet effet
» rétroactif est applicable en matière de régime dotal ;
» que non-seulement la loi qui règle ce régime ne con-
» tient pas de dérogation à cet égard, mais que plusieurs
» de ses dispositions, et notamment l'art. 1558, en sup-
» posent au contraire l'application ; — Attendu qu'en
» vertu de ces principes, les quatre septièmes du domaine
» de Bélugard, acquis en 1827 par la future en échange
» de ses biens paternels dotaux, mais aliénables à charge
» de remploi, ayant pris ce même caractère, la vente qui
» en a été faite par les époux Barasc au cours de leur
» mariage, en 1831, sans que la condition de remploi ait
» été observée, était soumise à l'action en révocation,
» dans les termes de l'art. 1560 C. civ. ; d'où il suit que
» l'arrêt attaqué, en repoussant cette action par le motif
» que, dans l'intervalle du contrat à la célébration du
» mariage, la future avait conservé la libre disposition
» de ses biens, qui n'auraient pu devenir dotaux que par

» le fait et à dater du mariage, a violé les articles de la
» loi ci-dessus visés, etc... Casse. »

La Cour de cassation pose donc le principe général que
les effets des conventions matrimoniales remontent, le
mariage une fois célébré, au jour de la signature de ces
conventions par la rétroactivité attachée à l'accomplissement de la condition suspensive, *si nuptiæ sequantur*, à
laquelle la naissance des droits qu'elles confèrent est attachée; l'art. 1179 C. civ. reçoit ici une entière application.
Ce principe de rétroactivité sert de sanction à la règle
de l'art. 1396, qui ne permet pas les changements indirects et tacites aux conventions une fois acceptées; il
empêche ainsi les atteintes que chacun des futurs époux
pourrait apporter, avant le mariage, à leur situation respective par des engagements frauduleux, des actes de
disposition consentis sur les biens promis. Ce principe
général est du reste reconnu par la loi elle-même dans
l'art. 1558, al. 4, qui en fait une application particulière;
les biens dotaux que cet article soustrait à la poursuite
des dettes consenties par la femme après le contrat de
mariage, quoique avant le mariage, sont déjà frappés
de dotalité effective et de l'inaliénabilité qui en découle.
La Cour de cassation, une fois le principe de rétroactivité
posé et justifié, en fait à son tour une autre application,
développant l'idée qui a dicté l'art. 1558, al. 4 : la dotalité se produit du jour de l'acceptation des conventions
matrimoniales avec toutes ses conséquences, notamment
avec le remploi des biens acquis en échange des biens
constitués en dot et stipulés dans l'espèce aliénables à
charge de remploi. Il est probable que cette Cour aurait
également admis l'inaliénabilité absolue, en cas d'absence
dans le contrat de toute clause y dérogeant, et par suite
la nullité de toutes les aliénations et hypothèques consenties par la future femme dans l'intervalle de temps

qui a séparé le contrat de mariage de la célébration.

Ce n'est du reste pas la première fois que la Cour suprême proclame le principe de la rétroactivité des effets du contrat de mariage au jour même de sa signature et en fait des applications particulières. C'est ainsi que par arrêt de rejet du 26 janvier 1847 (1), la chambre des requêtes avait déjà décidé que la vente faite après le contrat de mariage, mais avant la célébration, par le futur mari d'un bien par lui donné dans ce contrat à sa future épouse, est nulle comme vente de la chose d'autrui. « Attendu en droit, dit cet arrêt dans un de ses motifs, » que le contrat de mariage, soumis en tout à la condi- » tion de la célébration du mariage, produit effet *du jour* » *du mariage*, lorsque la célébration a levé la condition, » l'accomplissement de la condition ayant un effet ré- » troactif du jour où l'engagement a été contracté (article » 1179 C. civ.); d'où il résulte que la donataire a été pro- » priétaire des objets donnés du jour du contrat, et que » le donateur a vendu postérieurement la chose d'autrui, » vente nulle aux termes de l'art. 1599, et néanmoins ac- » ceptée en connaissance de la donation antérieure. » — La chambre civile, à son tour, a proclamé le même prin- cipe et en a déduit une autre conséquence dans un arrêt du 7 février 1872 (2) : les créanciers, usant de l'action Paulienne de l'art. 1167, ne peuvent attaquer les actes frauduleux de leur débiteur contenus dans son contrat de mariage (dans l'espèce une donation déguisée consentie au futur conjoint), lorsque leurs droits sont nés après la rédaction de ce contrat, quoique avant la célébration du mariage, en vertu de la règle qui exige, pour l'exercice de l'action Paulienne, que le titre du créancier soit antérieur

(1) *Pal.*, 47, 1, 175 ; Sir., 47, 1, 147.
(2) *Pal*, 72, 153 ; Sir., 72, 1, 73.

à l'acte attaqué. — « Vu les art. 1167 et 1179 C. civ. :
» Attendu, en droit, déclare la chambre civile, que le
» contrat de mariage, soumis sans doute à la condition
» de la célébration du mariage, produit effet du jour où
» il a été dressé, lorsque la célébration a eu lieu : l'ac-
» complissement de la condition ayant, aux termes de
» l'art. 1179 C. civ., un effet rétroactif au jour auquel
» l'engagement a été contracté; qu'en conséquence, la
» donation déguisée faite par l'un des époux à l'autre,
» en la forme, notamment, d'une reconnaissance d'ap-
» port, remonte pour sa date au jour du contrat de ma-
» riage; — Attendu que les créanciers ne peuvent exer-
» cer l'action que crée l'art. 1167 C. civ., et attaquer les
» stipulations d'un contrat comme faites en fraude de
» leurs droits, lorsque leurs créances sont nées postérieu-
» rement à ce contrat, à moins qu'il ne soit reconnu que
» l'acte argué de fraude a été consommé en vue de l'ave-
» nir, et pour enlever à des tiers avec lesquels le débiteur
» se proposait de contracter, des garanties qu'ils devaient
» nécessairement considérer comme acquises à leurs
» créances; — Attendu, en fait, que le contrat de ma-
» riage des époux Collineau a été reçu le 13 juillet 1865
» par Duval, notaire à Carignan, tandis que l'acte qui
» constate le prêt fait par Vergnes à Collineau n'a été
» dressé que le 13 août suivant; — que, dès lors, les
» droits résultant, en faveur de Vergnes, du contrat de
» prêt, sont nés postérieurement au contrat qu'il attaque
» comme fait en fraude de ses droits; — Attendu que
» l'arrêt dénoncé, après avoir proclamé les principes ci-
» dessus établis, a cependant jugé que la femme Colli-
» neau ne pouvait se dire créancière de son mari qu'à
» partir du jour de la célébration du mariage, 16 août
» 1865, et que ses droits étaient postérieurs à ceux ac-
» quis, le 13 du même mois, par Vergnes, qui pouvait,

» en conséquence, arguer de fraude l'acte portant préju-
» dice à ses droits; que cette affirmation, qui n'est ap-
» puyée par aucune raison de fait ou de droit, ne peut
» justifier la recevabilité de l'action en nullité exercée
» par Vergnes en vertu de l'art. 1167 C. civ., et la dé-
» rogation admise par l'arrêt aux conséquences juridi-
» ques de la combinaison dudit art. 1167 avec l'art. 1179
» du même Code; d'où il suit qu'en prononçant la nul-
» lité de l'hypothèque légale de la femme Collineau à
» l'égard du sieur Vergnes, l'arrêt attaqué a maintenu
» le principe consacré par l'art. 1179 C. civ., faussement
» appliqué l'art. 1167 et, par suite, violé lesdits articles,
» — casse. »

La Cour de Toulouse paraît avoir été elle-même impres-
sionnée par l'arrêt de la chambre civile qui cassait sa
décision du 18 mars 1876; car elle vient, par un arrêt
du 8 mai 1883, de proclamer et appliquer le principe de
la rétroactivité de l'art. 1179 à la célébration du mariage,
dont les effets remontent ainsi au jour du contrat de mariage, contrairement à ce que cette Cour avait décidé en
1876. Voici la teneur de cet arrêt rendu par la première
chambre de ladite Cour de Toulouse, le 8 mai 1883 (1) :
« La Cour, sur le grief d'appel pris de ce que l'hypothèque
» constituée par le sieur Boudou aux demoiselles Noby,
» par acte du 17 novembre 1867, et inscrite le 24 janvier
» suivant, serait nulle comme ayant été consentie sans
» mandat et à une époque où Boudou n'avait pas encore
» capacité pour consentir et conférer cette hypothèque;
» — Attendu qu'il est constant que le 17 novembre 1867

(1) 1re chambre. — M. de Saint-Gresse, président : Delmas, avocat-
général : MMes Gardelle et Timbal fils, avocats ; conseillers : MM. Désarnauts, président ; Granié, Serville, Gaytou, Cavayé, Batbie, de Baze-
laire, Dispan. (Gazette du Palais, 1883-84, t. V, 1er semestre, p. 114.)

» les conventions civiles du mariage de la demoiselle Ver-
» dinelle avec le sieur Boudou furent retenues par Mᵉ La-
» borde, notaire; qu'elle était mineure et assistée dans
» cet acte par son père et tuteur légal; qu'elle adopta le
» régime dotal et se constitua en dot tous les biens meu-
» bles et immeubles qu'elle avait recueillis dans la suc-
» cession du sieur Carrière, son grand-père; qu'elle se
» réserva le droit d'hypothéquer ces immeubles pour une
» valeur de 5,000 fr., soit en empruntant cette somme,
» soit pour garantir somme pareille qui serait due par son
» futur époux; que ce dernier fut autorisé à disposer de
» la somme de 5,000 fr. réservée sur la dotalité, et à
» hypothéquer les immeubles de la future épouse pour
» payer le prix de la vente d'un fonds de commerce d'épi-
» cerie qui allait lui être consenti par les demoiselles
» Marie et Rosalie Noby par acte du même jour, ou pour
» garantir à ces demoiselles le prix de cette acquisition;
» que le même jour, 17 novembre 1867, Boudou acheta
» aux demoiselles Noby leur fonds de commerce pour la
» somme de 5,000 fr., et que pour le paiement de ladite
» somme il affecta et hypothéqua aux demoiselles Noby
» tous les biens immeubles que ladite demoiselle possé-
» dait dans la commune de Castelsarrasin; que le mariage
» fut célébré le lendemain 18 novembre 1867; que la
» question est de savoir si cette hypothèque, constituée
» avant la célébration du mariage, est valable; — *Attendu*
» *qu'aux termes de l'art. 1179, la condition accomplie a un*
» *effet rétroactif au jour auquel l'engagement a été contracté;*
» *que les conventions anté-nuptiales sont subordonnées à la*
» *condition suspensive si nuptiæ consecutæ sunt; que la*
» *célébration du mariage est l'événement qui réalise la con-*
» *dition, et que cette condition accomplie rétroagit au jour*
» *des conventions matrimoniales; que l'art. 1179 pose une*
» *règle générale qui s'applique au contrat de mariage comme*

» *aux contrats ordinaires ; que par l'effet de cette rétroac-*
» *tivité, le contrat est réputé avoir existé dès le jour où il a*
» *été consenti comme s'il avait été pur et simple* ; qu'en
» vertu de ces principes, la célébration du mariage Bou-
» dou du 18 novembre a dû rétroagir au jour du contrat
» de mariage retenu la veille 17 novembre ; qu'il en ré-
» sulte comme un corollaire rigoureux que Boudou avait
» capacité pour consentir une hypothèque, et que l'hy-
» pothèque qu'il a consentie est valable ; que la validité
» de l'hypothèque constituée le 17 novembre étant ainsi
» démontrée, il est inutile d'examiner la question de la
» validité de la ratification du 1er mars 1882 sur laquelle
» le tribunal a basé sa décision et les griefs d'appel pro-
» posés de ce chef. — Par ces motifs, confirme... »

La Cour de cassation et la Cour de Toulouse nous paraissent faire ici une confusion qui entraîne la première à
des solutions contraires au texte même de la loi. L'application de l'art. 1179 C. civ. établissant la rétroactivité de
la condition suspensive au jour du contrat, ne nous paraît
pas applicable au régime matrimonial adopté par les
époux. Si les effets de ce régime sont subordonnés à la
célébration du mariage, cet événement ne constitue pas
une véritable condition suspensive avec effet rétroactif : il
n'est qu'une de ces conditions tacites, dérivant de la nature des choses, qui, suivant l'expression des jurisconsultes romains *extrinsecus veniunt*, etc., ne sauraient rendre conditionnel l'acte auquel elles sont attachées (1). Le
contrat de mariage, quant au régime adopté, n'est avant
le mariage qu'un projet, un acte éventuel, provisoire, qui
ne peut être modifié que moyennant certaines formalités,

(1) Cf. L. 99, D., *de Condit et Demonst.*, 35. 1, et Bufnoir, *De la
condition*, ch. Ier, § 7, pp. 50 à 59. — *Papinianus : Conditiones extrinsecus non ex testamento venientes, id est quæ tacite inesse videan-
tur, non faciunt legata conditionalia.*

il est vrai ; mais il n'a jusqu'à cette célébration aucune existence propre, et après cet événement il ne saurait jouir d'aucune rétroactivité. On peut le comparer, à ce point de vue, au testament qui, pendant la vie de son auteur, reste à l'état de projet et ne prend vie juridique, ne commence à produire ses effets qu'au moment où se réalise la condition intrinsèque à laquelle il est subordonné, la mort du testateur. Le régime pécuniaire adopté n'est fait que pour réglementer la situation des époux à partir du jour où ils ont cette qualité, pour constituer la loi du ménage, à partir du jour où ce ménage prendra naissance ; faire remonter ses effets à une époque antérieure serait un contre-sens, allant contre la nature même des choses. Les parties qui règlent par avance leurs intérêts pécuniaires n'ont en vue que l'avenir, que l'époque qui suivra leur union : le régime matrimonial suppose nécessairement, pour produire ses effets, la qualité d'époux et ne saurait être antérieur à cette qualité, sans choquer la vérité et sans danger sérieux pour les tiers. Aussi la loi, sans consacrer par une disposition générale ce principe naturel, en a-t-elle fait des applications particulières : 1° dans l'art. 1399, en déclarant que la communauté commence avec la célébration du mariage et ne saurait commencer à une autre époque ni antérieure ni postérieure ; 2° dans l'art. 1554, qui ne frappe d'inaliénabilité les immeubles dotaux que pendant la durée du mariage, de sorte que faire remonter cette inaliénabilité à une époque antérieure serait violer cette disposition formelle ; 3° dans l'art. 1561, qui proclame l'imprescriptibilité des mêmes biens à dater de la célébration du mariage et autorise, au contraire, l'accomplissement de la prescription même après cette époque, pourvu qu'elle ait commencé avant, c'est-à-dire à une époque où ces biens étaient aliénables et prescriptibles. Les disposi-

tions des art. 1404 et 1538, al. 4, qui font, dans un but
protecteur, remonter dans des cas particuliers les effets du
régime adopté au jour du contrat de mariage, sont donc
essentiellement exceptionnelles et dérogatoires au droit
commun, et ne sauraient être étendues au-delà de leurs
limites rigoureuses; la Cour de cassation nous paraît en
avoir abusé au grand détriment des tiers, pour faire remonter d'une façon générale, malgré le texte principal de
l'art. 1554, l'inaliénabilité de la dot avec ses conséquences
au jour de la signature du contrat de mariage.

Mais si l'art. 1179 n'est pas applicable au régime matrimonial, à la loi du ménage, il en est autrement des dispositions accessoires pouvant avoir une existence propre
par elles-mêmes, que le contrat de mariage peut contenir :
telles sont les donations en faveur de mariage qui, si
elles sont subordonnées à la condition suspensive de la
célébration de ce mariage (art. 1088), le sont en vertu
d'une intention spéciale, quoique tacite, des parties et
pourraient exister seules indé¡endamment de cet événement : le mariage une fois réalisé, la condition suspensive
accomplie rétroagit au jour de la donation, c'est-à-dire
du contrat de mariage qui les contient, et la Cour de
cassation a bien jugé à ce point de vue en leur appliquant les règles ordinaires de la condition suspensive.
Cette rétroactivité ne saurait du reste ici blesser en rien
les droits des tiers suffisamment avertis par la transcription, à la différence de ce qui se produirait pour le régime matrimonial et l'inaliénabilité dotale, que la loi n'a
soumis à aucune condition de publicité avant le mariage.

L'inaliénabilité de la dot ne remontant pas au-delà
de la célébration du mariage, il s'ensuit que la fiancée
a pu, avant cette époque, valablement aliéner les biens
qu'elle s'était constitués en dot dans le contrat de mariage et par conséquent les grever de droits réels, no-

tamment d'hypothèques. — Mais la disposition exceptionnelle de l'art. 1558, al. 4, qui déclare inefficaces sur
la dot les dettes postérieures au contrat de mariage, peut
sembler difficile à concilier avec cette faculté pour la femme
d'hypothéquer cependant cette même dot. Si, en effet,
après la signature du contrat la femme s'oblige et consent
des hypothèques pour garantir ses engagements, ses dettes
ne pourront, comme chirographaires, être exécutées sur
les biens dotaux, et cependant ces mêmes biens seront
valablement hypothéqués pour ces dettes. Il faut remarquer que les dettes de la femme ne sont point nulles
comme engagement personnel, et qu'à ce point de vue
elles peuvent servir de base à ces hypothèques : elles
sont simplement inefficaces en tant que chirographaires
sur les biens dotaux, mais peuvent être exécutées sur les
paraphernaux. Si des hypothèques ont été constituées
par la femme sur la dot pour les garantir, la femme ne
sera pas tenue personnellement sur les biens dotaux, mais
seulement hypothécairement, et les créanciers ne pourront saisir des biens constitués en dot, que ceux qui ont
été grevés d'hypothèques, les autres demeurant absolument libres de tout engagement.

Ce résultat s'explique et sert à justifier le système du
Code relativement aux actes consentis par la fiancée sur
les biens promis au futur mari : le Code a voulu concilier
dans une juste mesure les droits de celui-ci avec ceux
des tiers dont il se préoccupe à bon droit, à la différence
de la législation romaine et de notre ancienne jurisprudence. Il n'y avait pas lieu chez nous de déclarer inefficaces
à l'égard du mari les aliénations et hypothèques consenties par la femme avant le mariage sur les immeubles
dotaux, parce que le mari sera suffisamment averti au
moment du mariage de ces actes frauduleux, par la
transcription des aliénations et l'inscription des hypo-

thèques : si cette publicité ne se produisait pas, le mari pourrait en invoquer l'absence à l'égard des tiers acqué - reurs ou créanciers, parce que, acquérant par le mariage un droit d'usufruit sur les biens dotaux, il est à leur égard un tiers ayant légalement un droit réel sur ces biens. Au contraire, l'existence de dettes chirographaires consenties par la fiancée après la signature du contrat de mariage n'étant révélée par aucune publicité au mari, la loi a cru devoir sacrifier à la protection dotale l'inté- rêt des tiers imprudents qui n'ont pas exigé des garanties réelles.

Quant à l'arrêt de la Cour de Toulouse du 8 mai 1883, qui a proclamé le même principe de rétroactivité du régime dotal au jour de la signature du contrat de mariage, pour légitimer l'hypothèque consentie en vertu de ce contrat et avant le mariage par le futur époux sur les biens dotaux, il nous paraît avoir inutilement invoqué un principe dont nous croyons avoir démontré l'exagé- ration, pour justifier une solution d'ailleurs exacte en elle-même. Le contrat de mariage contenait un man- dat d'hypothéquer au profit du futur époux, mandat susceptible d'exécution immédiate, en vue de l'achat d'un fonds de commerce ; la fiancée, propriétaire de ses biens dotaux et pouvant les hypothéquer librement avant le mariage, se réservait la faculté de les hypothéquer après cette époque jusqu'à concurrence de 5,000 fr. et donnait mandat à son futur mari de les grever lui-même jusqu'à concurrence de la même somme, en vue de l'achat de ce fonds de commerce qui devait servir à leur établis- sement. Il n'était donc pas nécessaire de faire remonter jusqu'au jour du contrat de mariage le début du régime dotal adopté, pour légitimer cette hypothèque ; ce mandat, indépendant du régime et découlant du droit d'aliénation demeuré absolu jusqu'au jour du mariage, suffisait à lui seul pour la valider.

§ 3. — *Protection de la femme contre les actes du mari passés après*
la célébration du mariage et avant le mariage.

Le Code civil a, comme les législations qui l'ont pré-
cédé, organisé en faveur de la femme des garanties
contre les dissipations et l'insolvabilité du mari, destinées
à assurer efficacement la restitution de la dot, l'exercice
des reprises et l'exécution des conventions matrimoniales. Ces garanties consistent dans l'hypothèque légale
tacite, générale et dispensée d'inscription sur tous les
biens du mari. L'étendue de la protection établie par
la loi dépend de la date assignée à cette hypothèque pour
en fixer le rang à l'égard des tiers ; tandis que Justinien, dépassant les limites raisonnables de cette
protection, donnait à la femme un privilège à l'encontre
de tous les créanciers du mari antérieurs au mariage,
notre ancienne jurisprudence fixait au jour même du
contrat de mariage la date de l'hypothèque destinée à en
assurer l'exécution ; cette préférence de la femme sur
les créanciers postérieurs à la rédaction des conventions
matrimoniales, la mettait à l'abri de toutes les fraudes
dont le mari avait pu se rendre coupable avant le mariage ; la loi ne dépassait pas le but, au grand détriment
des créanciers du mari, comme la législation de Justinien.
Qu'a fait le Code civil en présence de ces précédents ?
Il commence, dans l'art. 1572, à répudier formellement
les excès de la législation de Justinien : « La femme et
» ses héritiers n'ont point de privilège pour la répétition
» de la dot sur les créanciers antérieurs à elle en hypo-
» thèque. » Elle ne pourra donc pas primer d'une
manière générale les créanciers du mari antérieurs au
mariage. Mais ne pourrait-elle pas au moins passer avant
ceux de ces créanciers qui n'ont acquis leurs droits que

postérieurement au contrat de mariage, par une fraude
du mari destinée à enlever à la femme les garanties sur
lesquelles elle comptait pour l'exercice de ses droits
matrimoniaux et la répétition de sa dot ? Si le mari, présentant lors de la signature du contrat de mariage une
fortune immobilière suffisante pour soutenir la garantie
hypothécaire de la femme, aliène après cette époque et
avant la célébration du mariage tous ces biens immo-
biliers et mobilise sa fortune, la femme va-t-elle se trouver sans protection et réduite au rôle dangereux de
créancière chirographaire, ou restera-t-elle armée de
son droit hypothécaire contre les tiers acquéreurs ? En
d'autres termes, le Code civil a-t-il admis en faveur de
la femme cette règle protectrice qui fait peser sur les
immeubles du mari l'hypothèque légale dès l'instant du
contrat de mariage ? — On pourrait le croire et quelques auteurs (1) ont attribué aux rédacteurs du Code
l'intention de reproduire la distinction ancienne du
mariage avec contrat ou sans contrat, en présence du
texte différent des art. 2135 d'une part, 2194 et 2195
d'autre part. L'art. 2135, assignant à l'hypothèque légale
de la femme la date du mariage : « L'hypothèque légale
» existe, indépendamment de toute inscription... 2° au
» profit des femmes, pour raison de leur dot et conven-
» tions matrimoniales, sur les immeubles de leur mari,
» et à compter du jour du mariage », viserait le cas où
ce rang est suffisant pour la femme qui n'a pas fait
de contrat de mariage. Au contraire, le cas où un contrat
de mariage serait rédigé et où il est nécessaire de faire
remonter au jour de sa signature les effets de l'hypothèque légale de la femme, serait réglé par les art. 2194

(1) Cf. Troplong, *Privil. et Hyp.*, II, 578, Merlin, *Rép.*, v° Inscription hypothéc.. § 3, n° 0, article de Tarrible.

et 2195 relatifs à la purge des hypothèques non inscrites :
Art. 2194 :... « pendant lequel temps, les femmes, mari,
» parents ou amis et le procureur de la République,
» seront reçus à requérir s'il y a lieu et à faire au bureau
» du conservateur des hypothèques des inscriptions
» sur l'immeuble aliéné, qui auront le même effet que si
» elles avaient été prises *le jour du contrat de mariage.* »
Art. 2195 : « Si les inscriptions du chef des femmes
» ne sont les plus anciennes, l'acquéreur ne pourrait
» faire aucun paiement du prix au préjudice desdites
» inscriptions qui auront toujours, ainsi qu'il a été dit
» ci-dessus, *la date du contrat de mariage,* etc.; et dans
» ce cas, les inscriptions des autres créanciers qui ne
» viennent pas en ordre utile seront rayées. »

Cette conciliation des art. 2135, 2194 et 2195, qui
tendrait à faire revivre la distinction ancienne et à
protéger au-delà de toute nécessité la femme au grand
détriment des tiers, ne pouvait prévaloir et n'a pas en
effet prévalu soit en doctrine, soit en jurisprudence ; car
elle est en opposition manifeste avec le texte même de
l'art. 2135. La base de cette distinction est en effet que
les art. 2194 et 2195 viseraient l'hypothèse où il a été
rédigé un contrat de mariage, tandis que l'art. 2135
n'assignerait à l'hypothèque légale la date du mariage que
parce que les époux se sont mariés sans contrat, parce
qu'ils n'ont pas dressé des conventions matrimoniales. Or,
cette restriction de l'art. 2135 au cas unique de mariage
sans contrat, tombe devant le texte même de cet article :
« L'hypothèque existe indépendamment de toute inscrip-
» tion... 2° au profit des femmes, pour raison de leurs dots
» et *conventions matrimoniales...* à compter du jour du
» mariage. » Voilà donc prévue et réglée formellement
l'hypothèse où un contrat de mariage a été rédigé, et la
date de l'hypothèque légale ne s'en trouve pas moins

fixée au jour du mariage. Si donc les art. 2194 et 2195 reportent cette date au jour de la rédaction du contrat de mariage, il faut reconnaître qu'il y a antinomie entre leur texte et celui de l'art. 2135, que ces diverses dispositions se rencontrent sur la même hypothèse et qu'elles la règlent par des solutions différentes et contradictoires. Il faut nécessairement choisir entre ces solutions, et il est manifestement impossible de les appliquer l'une et l'autre. Or, si l'un des textes doit être sacrifié, n'est-il pas évident que ce ne saurait être l'art 2135, dont l'objet direct et principal est précisément de fixer la date exacte de l'hypothèque légale ? Si une expression impropre ou équivoque a été employée par les rédacteurs du Code, sous l'influence d'une réminiscence des anciens principes, elle a plus de chance de se trouver dans les art. 2194 et 2195, où la question de date de l'hypothèque n'est indiquée qu'en passant, accessoirement et aurait pu être passée sous silence, cette date ayant été fixée par l'art. 2135 qui est le seul texte à consulter sur ce point. Les rédacteurs du Code ont dû porter d'autant plus d'attention au choix de l'expression employée dans l'art. 2135, qu'ils innovaient en répudiant l'ancienne distinction et fixaient au jour du mariage la date de l'hypothèque pour l'exécution des conventions matrimoniales. Du reste, le sacrifice des art. 2194 et 2195 n'est pas absolument nécessaire, même en ce qui concerne cette question de date : car l'expression de *contrat de mariage* est, comme on le sait, équivoque, peut être prise dans le sens de *mariage*, à moins d'intention contraire manifeste, comme dans l'art. 1558, al. 4 ; or, ici ce sens de mariage et non de conventions matrimoniales se trouve confirmé par l'art. 2135 Enfin, dit un des derniers commentateurs (1),

(1) Colmet de Santerre, IX, n° 184 *bis*, VIII, d'après Demante. p. 462, note 2.

en conservant même dans les art. 2194 et 2195, au mot *contrat de mariage*, le sens *de conventions matrimoniales*, il n'y a point contradiction nécessaire entre ces articles et l'art. 2135 : en effet, ils se bornent à dire que si une inscription est prise dans le délai de deux mois accordé à cet effet, cette inscription aura le même effet que si elle avait été prise le jour du contrat de mariage ; or, si nous supposons qu'en fait une inscription soit prise pour l'hypothèque légale de la femme le jour même de la signature du contrat, cette inscription ne fixera nullement le rang de l'hypothèque et ne modifiera en rien la date que la loi lui accorde indépendamment de toute inscription ; malgré toutes les inscriptions prises et qu'elle qu'en soit l'époque, l'hypothèque légale conserve toujours sa date légale, déterminée par l'art. 2135, c'est-à-dire le jour du mariage, pour la dot et les conventions matri- moniales.

Quoi qu'il en soit de la valeur de ces explications du texte même des art. 2194 et 2195, il n'en est pas moins certain pour nous et admis par la doctrine générale, en présence des termes précis de l'art. 2135, que l'hypothè- que légale de la femme ne peut jamais remonter au-delà de la célébration du mariage et frapper les biens du mari avant cette époque. La Cour de cassation elle-même, mal- gré son grand désir de protéger les fiancés contre leurs fraudes réciproques, n'a pas cru pouvoir arriver jusqu'à faire remonter au jour de la signature du contrat de ma- riage les effets de cette hypothèque, et dans un arrêt du 22 janvier 1878, le premier qui ait jusqu'à ce jour résolu directement la question, la chambre des requêtes, au rap- port de M. le conseiller Barafort, a formellement décidé que la date établie par l'art. 2135 est absolue et générale pour tous les cas (1) : « *La Cour* : Sur le moyen unique du

(1) *Pal.*, 78, 766. Cf. Arrêt attaqué de Caen, 5 juin 1776. *Pal.*, 77 486 ; Sir., 77, 2, 118.

» pourvoi tiré de la fausse application de l'art. 2135
» C. civ. et de la violation des art. 2194 et 2195 du
» même code : Attendu qu'aux termes de l'art 2121
» C. civ., les droits et créances auxquels l'hypothè-
» que légale est attribuée sont ceux des femmes ma-
» riées sur les biens de leur mari ; d'où il suit que l'hy-
» pothèque accordée par la loi à la femme mariée ne
» l'est point à la future épouse, et qu'elle ne peut être
» acquise à cette dernière qu'au jour où, par la célébra-
» tion du mariage, il y a. d'une part, une femme mariée
» pourvue de l'hypothèque légale, et, d'autre part, un
» mari dont les biens immeubles sont frappés de cette
« hypothèque; qu'en outre, aux termes de l'art. 2135
» C. civ., l'hypothèque existe, indépendamment de toute
» inscription, au profit des femmes, pour raison de leurs
» dots et conventions matrimoniales, sur les immeubles
» de leur mari, et à compter du jour du mariage; que ces
» dernières expressions, parfaitement claires et précises,
» ne peuvent être entendues que du jour où le mariage a
» été contracté devant l'officier de l'état civil (C. civ.,
» art. 1399 et 144); que d'ailleurs l'hypothèque de la
» femme contre le mari ayant pour fondement l'adminis-
» tration, par celui-ci, des biens de celle-là, et cette ad-
» ministration ne commençant qu'au jour du mariage,
» l'hypothèque ne saurait remonter à une date antérieure
» à la cause dont elle est l'effet ; — Attendu que vaine-
» ment il est allégué que les art. 2194 et 2195 C. civ.
» supposent l'existence de l'hypothèque légale de la
» femme à dater du contrat de mariage; que ces expres-
» sions, équivoques de leur nature, peuvent être enten-
» dues de la célébration du mariage, comme de l'acte
» notarié par lequel ont été réglées les conventions ma-
» trimoniales; que d'ailleurs ces derniers articles étant
» relatifs au mode de purger l'hypothèque légale, il n'y

» est qu'incidemment parlé de la date à laquelle cette
» hypothèque remonte, tandis que l'art. 2135 a été spé-
» cialement édicté pour la fixation de cette date; qu'en
» conséquence la solution de la difficulté se trouve dans
» ce dernier article et non pas dans les art. 2194 et 2195;
» — Attendu d'ailleurs que si, dans l'ancienne jurispru-
» dence, une décision contraire était généralement ad-
» mise, il n'en était ainsi que dans le cas où la conven-
» tion anté-nuptiale avait eu lieu par acte public, en force
» du principe que tous les actes notariés conféraient
» hypothèque; que dès lors c'est à bon droit que l'arrêt
» attaqué n'a fait remonter l'hypothèque légale de la
» femme Gosselin qu'à la date de la célébration de son
» mariage devant l'officier de l'état civil, et que cet arrêt,
» loin d'avoir mal interprété ou violé les articles invo-
» qués, en a fait, au contraire, une saine application;
» — Rejette. »

La femme est donc obligée de subir toutes les hypothèques et aliénations que son mari aura pu consentir, en
frau'le de ses droits, après la rédaction du contrat de mariage, mais avant la célébration de son mariage. Les rédacteurs du Code ont, comme pour l'inaliénabilité dotale,
mis les intérêts des tiers au-dessus de ceux des fiancés,
qui ont toujours quelque imprudence à se reprocher, aujourd'hui du moins que notre législation a consacré le
principe de publicité des hypothèques et aliénations. Si,
en effet, on faisait remonter au jour de la signature du
contrat la date de l'hypothèque légale, les tiers qui traitent
avec le futur mari dont ils ignorent le projet de mariage et
sur la situation duquel ils n'ont aucun moyen de se renseigner, par suite de la dispense d'inscription de l'hypothèque légale, seraient injustement sacrifiés. Ce sacrifice
est inutile pour sauvegarder les droits de la fiancée : si les
hypothèques et aliénations consenties par le futur mari

ne sont pas rendues publiques avant la célébration du mariage, la femme mariée peut invoquer le défaut d'inscription ou de transcription, en sa qualité de tiers ayant un droit réel sur les immeubles que le mari voulait soustraire à sa garantie : si, au contraire, ces actes préjudiciables pour la future femme sont publiés avant la célébration du mariage, elle peut et doit en avoir connaissance ; elle a donc le moyen d'éviter la situation pécuniaire préjudiciable qui lui est faite, en refusant le mariage. Le législateur n'avait pas à hésiter entre la femme qui a aujourd'hui les moyens de se renseigner au moment de la célébration du mariage sur la situation de son mari, et les tiers qui ne peuvent connaître le projet de mariage et se trouveraient écrasés par la rétroactivité, si on l'admettait, de l'hypothèque légale au jour du contrat.

Ajoutons enfin que si la fiancée défiante ne se trouve pas suffisamment protégée par son hypothèque légale contre les agissements de son futur mari antérieurs à la célébration du mariage, elle peut stipuler de lui la constitution d'une hypothèque conventionnelle dans le contrat de mariage même, et l'inscription immédiate de cette hypothèque, en la rendant publique, empêchera les effets nuisibles de sa date antérieure au mariage. Cependant il nous faut, quant à cette date, dissiper un doute qui a, pour l'hypothèse analogue d'ouverture de crédit, arrêté quelques auteurs : l'hypothèque consentie dans le contrat de mariage pour la restitution de la dot et l'exercice des droits et reprises de la femme, est sans base jusqu'au jour même du mariage, la dette qu'elle garantit est purement éventuelle et ne prendra naissance que si l'union est célébrée et du jour seulement de cette célébration ; donc, du contrat de mariage à la célébration du mariage, il n'y a pas de dette et il n'y en aura jamais, aucune fiction de

rétroactivité n'étant ici applicable. Or, on ne saurait con-
cevoir une hypothèque, garantie purement accessoire,
sans le principal, la dette dont elle assure le paiement;
on ne peut donc assigner à cette hypothèque conventionnelle, malgré l'inscription prise, une dette antérieure
à la naissance de la créance de la femme, c'est-à-dire au
jour même de la célébration du mariage. La conclusion de
ce raisonnement, adopté par quelques auteurs (1) pour le
cas d'hypothèque consentie à l'occasion d'une ouverture
de crédit, conduirait, dans notre hypothèse, à décider que
malgré l'inscription prise, la femme ne pourrait jamais
donner à l'hypothèque exigée de son futur époux dans le
contrat de mariage, en retour de sa promesse de dot, une
date antérieure au jour de la célébration du mariage, et
que la convention accompagnée de publicité ne saurait
lui donner des garanties supérieures à celles que la loi
accorde elle-même.

Ce système rigoureux n'a pas prévalu et avec raison :
la jurisprudence et la doctrine générale (2) décident que
le créancier civilement engagé à prêter quand le crédité
voudra user de l'ouverture du crédit, peut en retour de
son obligation, comme condition de son engagement,
exiger une garantie hypothécaire actuelle pour assurer la
restitution des emprunts futurs et éventuels; cette convention synallagmatique qui tend à donner à l'hypothèque

___

(1) Cf. les citations faites par MM. Aubry et Rau (§ 266, texte n° 4,
note 71, 4ᵉ édit., t. III, pp. 283 et 284), qui avaient, dans leurs deux
premières éditions, adopté cette opinion et ne l'ont abandonnée, pour
se ranger à la doctrine générale que nous adopterons nous-mêmes, que
dans leurs 3ᵉ et 4ᵉ éditions.

(2) Aubry et Rau, § 266, n° 4, note 71; — Demolombe, XXV,
n°ˢ 391 à 394; — Laurent, XXX, 533 et ss.; — Civ. cass., 21 nov.
1849; Sir., 50, 1, 91; — Req. rej., 8 mars 1853; Sir., 55, 1, 244;
Pal., 53, 1, 364.

une date antérieure à la naissance de la créance, celle de
l'inscription, n'a rien de contraire à la loi, puisque le Code
civil donne précisément comme date aux hypothèques
le jour de l'inscription, sans avoir égard à la créance
(art. 2134); qu'il donne lui-même aux hypothèques légales des femmes mariées, des mineurs et des interdits,
des dates bien antérieures aux créances garanties, et
qu'enfin la loi du 20 juin 1853, art. 4, a tranché la question pour les ouvertures de crédit de la part des Sociétés
de crédit foncier. Puisque cette convention n'a rien d'il-
légal, elle doit être respectée (art. 1134). Il en doit être
ainsi de celle que nous avons en vue dans le contrat de
mariage de la part de la femme qui se constitue une dot :
si la femme consent à s'obliger civilement par cette constitution de dot, elle met à son engagement une condition
expresse : la constitution par le futur mari d'une hypothèque dont l'inscription immédiate assurera à cette garantie une date antérieure au mariage, et lui donnera cette
supériorité sur l'hypothèque légale, de mettre la femme
à l'abri des fraudes possibles du mari commises avant la
célébration du mariage. L'opinion enseignée par Papinien
nous semble encore parfaitement juste aujourd'hui.

L. 1 pr., D., *qui potiores in pignore*, 20, 4 : « Qui do-
» tem pro muliere promisit, pignus sive hypothecam de
» restituenda sibi dote accepit : subsecuta deinde pro
» parte numeratione maritus eandem rem pignori alii de-
» dit : mox residuæ quantitatis numeratio impleta est.
» Quærebatur de pignore. *Cum ex causa promissionis, ad*
» *universæ quantitatis exsolutionem, qui dotem promisit,*
» *compellitur,* non utique solutionum observanda sunt
» tempora, sed dies contractæ obligationis : nec probe
» dici, in potestate ejus esse, ne pecuniam residuam red-
» deret, ut minus dotata mulier esse videatur. » — Rien
ne s'oppose à ce que l'hypothèque précède la naissance

de la créance, car si elle en est l'accessoire, elle peut cependant la précéder dans sa formation, comme la fidéjus-
sion, ainsi que le fait justement observer Cujas dans son
commentaire sur le fragment précité de Papinien : c'est,
du reste, ce qu'a reconnu et consacré notre Code civil
lui-même dans la fixation de la date des hypothèques légales des mineurs et femmes mariées, cette date étant
toujours antérieure à la naissance des créances garanties
(cf. art. 2135).

La fiancée trouvera donc, dans cette hypothèque conventionnelle stipulée au contrat de mariage et inscrite immédiatement, une garantie efficace, que ne lui procure pas
l'hypothèque légale occulte, contre les fraudes de son futur
mari antérieures à la célébration de leur union. Mais
cette protection énergique ne présente, à la différence de
ce qui se produirait pour l'hypothèque légale si on la faisait remonter au jour de la signature des conventions matrimoniales, aucun inconvénient pour les tiers avertis par
la publicité de l'inscription.

CONCLUSION.

Les moyens employés par les diverses législations que
nous avons étudiées pour protéger les fiancés contre leurs
fraudes sont divers, suivant le génie particulier à chacune
d'elles, et il y aurait danger à vouloir étendre à notre
époque les principes autrefois en vigueur, lorsque ces
principes ne correspondent plus à l'état actuel de nos
mœurs et de notre civilisation. C'est ce que nous voudrions montrer maintenant dans cette conclusion, en faisant ressortir les principes différents auxquels ont obéi
nos lois actuelles et celles qui les ont précédées.

Pour le cas de rupture des promesses de mariage, la
législation romaine se caractérise par une liberté absolue

des contractants n'engageant en rien, lorsqu'ils en usent, leur liberté civile, et découlant comme une conséquence nécessaire de la liberté complète de dissolution sans indemnité du mariage lui-même; il eût été contradictoire, en effet, de déclarer liés deux fiancés qui n'avaient pour se dégager immédiatement de leurs promesses qu'à contracter aussitôt un mariage qu'ils pouvaient rompre à l'instant. Le mariage devenant indissoluble par le consentement mutuel et la volonté unilatérale dans notre ancien Droit et dans notre loi actuelle, les promesses d'union librement consenties peuvent être, au contraire, prises en considération. en ce sens que leur rupture sans motif et par caprice doit donner lieu à des dommages-intérêts au profit de la partie à laquelle elle préjudicie. Et si nous trouvons entre notre ancienne jurisprudence et la loi actuelle une différence profonde de principes, puisque l'une déclare ces promesses valables, tandis que l'autre les déclare nulles, nous les voyons d'accord pour le résultat pratique définitif et accorder à la partie lésée des réparations civiles arbitrées par le juge, que les contractants les aient fixées d'avance par une clause pénale, ou qu'elles n'aient point prévu et réglé leurs droits respectifs.

Lorsque le mariage s'accomplit, les prescriptions si différentes de la loi romaine et de nos lois françaises, relativement aux fraudes commises dans l'intervalle du contrat de mariage au mariage lui-même, s'expliquent par la condition si différente elle-même de la dot dans les deux législations. Tandis qu'en Droit romain la dot devenant la propriété du mari ou même du futur mari, il fallait protéger la femme contre les agissements frauduleux de celui-ci, et que l'on étendait à la fiancée la protection de l'inaliénabilité du fonds dotal, au contraire, dans nos lois françaises, la dot reste en principe la propriété de la femme, et c'est le mari qui a besoin de protection contre les actes de celle-ci. Si donc l'on fait remonter fictivement au jour du contrat de mariage les effets du mariage et du régime matrimonial adopté, c'est dans l'intérêt du mari plutôt que de la femme, sauf les règles particulières au régime de communauté inconnu des Romains. Mais ici l'on se trouve en présence de graves intérêts dont se préoccupait peu notre ancienne législation, et que notre loi actuelle tend, au contraire, à sauvegarder soigneusement : les intérêts des tiers qui, étrangers au contrat de mariage, en ignorent souvent l'existence à raison de l'absence complète de publicité La protection accordée à l'un des époux contre les fraudes de l'autre antérieures au mariage, se retournera souvent contre les tiers lorsqu'elle se réalisera au moyen de l'inaliénabilité ou de l'hypothèque légale frappant les biens du jour même de la signature du contrat de mariage. Dans cette lutte entre les tiers et les époux, qui doit nécessairement entraîner le sacrifice des droits des uns ou des autres, le législateur ne peut hésiter, et les tiers, absolument exempts de tout reproche et de toute imprudence, puisqu'ils n'ont pu connaître la signature du contrat de mariage fixant la date d'une inaliénabilité ou d'une hypothèque toutes deux occultes et également fatales pour eux, doivent sans aucune hésitation possible être préférés aux époux qui pouvaient sans difficulté surveiller eux-mêmes leurs droits et rompre au dernier moment le mariage, si ces droits avaient été sacrifiés contrairement à la parole donnée. La loi du 10 juillet 1850 a bien pris des précautions pour faire connaître aux tiers le mariage et les conséquences qu'il entraîne sur les biens des époux, telles que l'inaliénabilité et l'hypothèque légale; mais on n'a organisé pour eux aucun moyen légal ni pratique de connaître la rédaction d'un simple contrat de mariage toujours secret, parce qu'il n'est qu'un simple projet jusqu'à la célébration du mariage. Les époux, au contraire, peuvent, en étant soigneux de leurs intérêts pécuniaires, avoir connaissance de leurs fraudes réciproques et rompre le mariage projeté s'ils l'estiment à propos à raison de ces fraudes; le mari, en effet, peut facilement se rendre compte des aliénations et constitutions d'hypothèques ou autres droits réels consentis par la femme sur la dot immobilière, par le registre du conservateur des hypothèques où elles doivent être transcrites, sous peine de ne lui être point opposables ni préjudiciables. Pour les actes qui ne sont pas soumis à cette publicité, les dettes chirographaires contractées par la femme depuis le contrat de mariage et avant le mariage, la loi a sacrifié les tiers aux intérêts du mari en exigeant, dans l'art. 1558, que les actes qui les constatent aient date certaine avant le contrat de mariage pour que le paiement puisse en être poursuivi sur la dot, et même dans ce cas, l'on doit respecter le droit d'usufruit du mari; les tiers n'ont pas ici à se plaindre, car ils sont simples créanciers chirographaires, ont suivi la foi de leur débitrice et sont en faute de n'avoir pas exigé des sûretés réelles. La tendance de la jurisprudence récente de faire rétroagir au jour du contrat de mariage l'inaliénabilité dotale, est donc excessive et dangereuse, et dépasse le but de la loi ainsi que les justes nécessités de la pratique. Quant à la femme dont le mari peut rendre illusoire la garantie hypothécaire, par des actes frauduleux consentis depuis le contrat de mariage et avant le mariage, sa situation est analogue : elle peut être avertie avant le mariage par la publicité nécessaire des aliénations immobilières et des constitutions d'hypothèques ou autres droits réels diminuant sa propre sûreté hypothécaire, tandis que les tiers sont dans une juste ignorance du contrat de mariage à la date duquel on ne saurait, sans les sacrifier injustement, faire rétroagir l'hypothèque occulte de la femme. Si notre ancienne législation admettait une autre solution, c'était la conséquence des principes si défectueux de son système hypothécaire occulte et sans aucune préoccupation des intérêts supérieurs des tiers et du crédit foncier.

L'on ne saurait donc faire fictivement commencer au jour du contrat de mariage le régime adopté par les époux avec toutes ses institutions protectrices, sans choquer à la fois la vérité et les intérêts supérieurs des tiers, c'est-à-dire sans atteindre gravement, au détriment des époux eux-mêmes, le crédit immobilier. La loi a fait sagement de n'adopter qu'avec une grande réserve et très exceptionnellement cette fiction de rétroactivité, lorsque les tiers n'en peuvent souffrir, ou ont, s'ils en souffrent, quelque imprudence à se reprocher, comme dans les deux cas prévus par les art. 1404 sous le régime de communauté, et 1558 sous le régime dotal. Généraliser ce qui n'est qu'une pure exception et en faire une théorie absolue, comme la jurisprudence de la Cour de cassation que paraissent vouloir adopter quelques Cours d'appel, c'est suivre une tendance dangereuse, contraire à l'esprit de la loi actuelle, à la réalité même des choses et aux intérêts supérieurs du crédit public.

Rappelons, en terminant, que l'intérêt des tiers ne nous a pas paru suffisant et être pris en considération par la loi elle-même pour déroger au droit commun des vices de consentement, lorsque ces vices, tel que le dol, se produisent dans l'adhésion au contrat de mariage lui-même. Mais remarquons que ces tiers, qui ne sont au reste que les ayant-cause des époux, sont dans la situation ordinaire des tiers éventuellement soumis aux conséquences d'une action en nullité; la loi n'a organisé ici, en faveur des futurs époux, aucune protection de nature exceptionnelle, mais elle ne les a pas non plus placés dans une situation inférieure ; car on ne saurait, comme nous croyons l'avoir démontré, tirer de l'art. 1395 une dérogation au droit commun et le rejet des vices de consentement entraînant une nullité relative : cet art. 1395 suppose, pour son application, un contrat de mariage valable et sans vice, et l'irrévocabilité de ce contrat n'exclut, pas plus que celle du mariage lui-même, la possibilité d'actions en nullité relatives au profit d'un seul des époux. Du reste, les difficultés que soulève cette question de l'annulabilité du contrat de mariage pour dol et autres vices du consentement sont telles, qu'il est regrettable que le Code ne les ait pas prévues et réglées par des dispositions expresses et précises : nous avons montré les incertitudes résultant du silence et de cette lacune de la loi, ainsi que les dangers de l'annulation pour les tiers, dangers que la loi aurait pu éviter ou au moins atténuer par une sage réglementation et des dispositions protectrices.

—

A la suite de la lecture de l'Etude qui précède, l'Académie de législation a consacré deux séances à la discussion des points principaux qui y sont traités.

Un membre déclare se ranger à la plupart des solutions proposées par M. Vidal. Cependant il critique la responsabilité résultant d'une rupture sans motifs, et y voit une atteinte à la liberté du mariage, qui doit rester entière et n'être gênée par aucune menace, même indirecte. Il lui paraît également difficile d'admettre l'annulation, pour dol du contrat de mariage, par la raison que la loi ne permet pas d'invoquer ce vice de consentement en matière de mariage ; ce membre repousse l'annulation, pour la même cause, de la communauté légale ou tacite ; enfin, il critique le régime substitué à la communauté légale annulée, et croit plus rationnel, si on en admet l'annulation, de déclarer les époux mariés sous le régime de la séparation de biens.

Un autre membre fait remarquer que l'annulation de la
communauté légale, si on la prononce, doit faire retom-
ber les époux sous le même régime, puisqu'ils se trouvent
mariés sans contrat, ce qui rend inutile cette annulation.

Un troisième membre, se joignant aux observations
précédentes, se déclare également partisan de la séparation de biens, en cas d'annulation de la communauté
légale, ce régime répondant le mieux à leur situation et
étant rationnellement, sinon légalement, le régime normal
des époux, celui qu'ils devraient être censés adopter lorsqu'ils ne disent point le contraire.

M. Vidal répond aux honorables préopinants pour dé-
fendre les solutions par lui émises. Il invoque, pour la
responsabilité du fiancé qui rompt sans motifs le projet
de mariage, l'art. 1383 ; pour l'annulation du contrat
de mariage entaché de dol, le droit commun auquel il
n'est pas dérogé ; enfin, pour la préférence qu'il accorde
au régime sans communauté sur la séparation de biens,
en cas d'annulation de la communauté légale, il se prévaut du caractère essentiellement exceptionnel de la séparation de biens, d'après le Code civil qu'il s'agit, non de
critiquer, mais d'appliquer : la séparation de biens judiciaire n'est admise que dans des cas rigoureusement limi-
tés et avec des précautions minutieuses que l'on ne pourrait ici observer.

La discussion se concentre sur le seul point de l'annulation pour dol des conventions matrimoniales.

Un membre attaque d'une manière absolue l'annulabilité pour ce motif du contrat de mariage : les développements auxquels il se livre sur ce point se rattachent à
deux arguments principaux, l'un de principe, l'autre
d'utilité publique. Au nom des principes juridiques, l'honorable membre invoque le lien intime et la solidarité qui
existent entre le mariage et le contrat de mariage, solida-

rité qui ne doit pas permettre d'autoriser contre celui-ci
des actions en nullité que la loi repousse contre celui-là.
Or, par des considérations du plus haut intérêt, la loi n'a
pas admis l'annulation pour dol du mariage; il en doit
être de même du contrat de mariage qui est revêtu du
même caractère d'irrévocabilité et d'indissolubilité que le
mariage même. Cette union intime de ces deux actes au
point de vue de leur sort juridique et de leurs conditions
de validité est démontrée suffisamment par l'article 1398
du Code civil, qui déroge aux règles ordinaires de capacité pour soumettre le contrat de mariage et le mariage
aux mêmes conditions d'assistance et de protection du mineur. Les considérations d'utilité pratique présentées
contre l'annulabilité pour dol des conventions matrimoniales, concernent les tiers ignorants de ce vice qui traiteront avec les époux sur la foi du contrat de mariage et
qui ne peuvent, sous peine de porter une atteinte des
plus dangereuses au crédit, voir ruiner tous les droits
qu'ils ont légitimement acquis. Ce résultat est absolument
contraire au vœu du législateur moderne, qui a pris au
contraire, dans loi du 10 juillet 1850, des mesures pour
faire connaître aux tiers le contrat de mariage et les
mettre ainsi à l'abri de toute surprise.

L'honorable membre termine l'exposé de ces considérations d'intérêt pratique en montrant que la jurisprudence s'est toujours refusée, en fait, à casser les conventions matrimoniales pour dol, et que les seuls arrêts
qui se rapprochent de la question sont relatifs à des cas
de simulation et non de dol.

L'auteur de l'Etude répond à la précédente critique par
quelques considérations qui ne sont, du reste, que le
résumé des développements contenus dans son travail.
L'intérêt des tiers, quelque puissant qu'il soit, n'est pas
suffisant pour prévaloir contre la loi, lorsque celle-ci

n'a pas pris en considération cet intérêt; la loi du 10 juillet 1850 a bien pris des mesures pour les protéger, mais ni elle ni le Code civil ne paraissent s'être préoccupés de la situation envisagée dans cette Etude, et l'on ne peut que regretter cette lacune de la loi, mais l'interprète et le juge ne sauraient la combler en modifiant les principes du droit. Or, ces principes paraissent au lecteur tels, que l'annulation pour dol ne lui semble point écartée par la loi qui distingue l'un de l'autre, le mariage et le contrat de mariage, loin de les rendre solidaires; il est, en effet, certain que le contrat de mariage, quoique l'accessoire du mariage, ne pouvant vivre sans celui-ci, peut cependant être entaché d'un vice à lui propre et demeurer annulable, malgré la validité du mariage; il suffit, pour s'en convaincre, de consulter les auteurs, et notamment, MM. Aubry et Rau, dans leurs *Cours de droit civil,* 4e édit., t. V, pag. 231, 232 et 245. Dès lors, l'on doit nécessairement revenir à ce raisonnement rigoureux : Le mariage n'est pas annulable pour dol, parce que la loi a, quant à lui, dérogé expressément aux règles ordinaires des vices et des nullités; au contraire, le contrat de mariage est annulable pour dol, parce que la loi n'a nullement dérogé au droit commun des vices du consentement et des nullités; la seule dérogation qui soit admise en cette matière est relative à la capacité du mineur (art. 1398); elle prouve, du reste que, lorsque le législateur veut écarter le droit commun, il le dit expressément, d'où il suit que son silence rend applicable pour tous les autres cas ce même droit commun. Les conséquences regrettables de l'annulation à l'égard des tiers ne sont, elles-mêmes, que l'application normale des effets de la nullité, et les mêmes inconvénients se présentent dans tous les cas où un acte quelconque, ayant donné naissance à des droits légitimes, est annulé et entraîne dans sa

chute tous ces droits. Cet inconvénient n'est cependant
pas suffisant pour faire écarter d'une manière radicale la
théorie des nullités. Il se présente de même pour le contrat
de mariage dans des cas où l'annulation n'est pas douteuse : annulation du mariage, et par conséquent du
contrat de mariage ainsi que des droits acquis sur sa foi,
pour cause de violence, d'erreur sur la personne, vices
complètement inconnus des tiers et qui cependant leur
seront sans aucun doute opposables. Quant à la rareté de
toute décision judiciaire prononçant l'annulation pour
dol, elle s'explique par la difficulté de ces demandes
en nullité, à raison de la difficulté de prouver un dol
suffisant et du reproche de négligence ou d'imprudence
qui pourra souvent être adressé à l'époux trompé. Du
reste, la nullité pour dol a été prononcée en fait dans
l'affaire Otto Stern et Houssaye, par jugement du tribunal
de la Seine, du 19 février 1869, et si la Cour de Paris,
sur l'appel, a pu éviter de prononcer l'annulation en se
bornant à révoquer les donations pour ingratitude, la
question de l'annulabilité pour dol des conventions matrimoniales n'en est pas moins possible et doit par conséquent être résolue conformément aux principes, lorsqu'elle se présentera.

Un autre membre prend la parole pour combattre la
prétendue solidarité qui existerait entre le mariage et le
contrat de mariage et s'opposerait en conséquence à l'annulation pour dol de celui-ci. Il invoque comme argument
cette considération que le contrat de mariage est dissolu-
ble à la différence du mariage qui, au contraire, est indissoluble, puisqu'en effet la séparation de biens judiciaire
fait tomber le régime primitif, tandis que la séparation
de corps laisse subsister le mariage. Il ajoute comme
preuve de l'indépendance de ces deux actes, que le contrat
de mariage peut être entaché de nullité quoique le ma-

riage soit valable, que, par exemple, le contrat de mariage peut avoir été contracté sous l'empire de la violence, tandis que le mariage aura été librement consenti.

L'honorable membre qui avait invoqué la solidarité du contrat de mariage, répondant au premier argument, reconnaît qu'en effet, cette solidarité cesse dans le cas de séparation de biens ; mais il ajoute qu'à son avis, c'est le seul cas de mutabilité du contrat de mariage ; — au deuxième argument, il oppose que le contrat de mariage suivra le sort du mariage : si en effet la violence dure au moment de la célébration, le mariage ne sera pas librement contracté et sera lui aussi annulable ; si au contraire la violence a cessé au moment de la célébration, cette célébration emportera ratification du contrat de mariage passé sous l'empire de la violence.

Un troisième membre, examinant l'hypothèse spéciale d'annulation de la communauté légale expresse ou tacite, admet l'annulation, mais substitue à la communauté annulée la même communauté légale, ce qui semble rendre inutile l'annulation. Cependant il croit que l'annulation pourra être demandée et obtenue, et aura cet avantage de faire allouer à la partie qui gagne ainsi son procès des dommages-intérêts.

Il est répondu à cette observation que l'on aboutira ainsi à un résultat singulier et peu admissible, car les dommages-intérêts que l'époux trompé obtiendra de l'autre vont tomber dans la communauté et profiter précisément à celui-ci.

Un autre membre combat l'annulation pour dol de la communauté légale tacite, établie sans contrat, en disant d'une part qu'il est impossible de se faire restituer contre l'absence de contrat et qu'on ne peut pas plus faire annuler l'absence de conventions matrimoniales qu'on ne pourrait faire annuler l'absence de vente et se faire restituer contre ce contrat désiré mais manqué. D'autre part, la demande en nullité paraît impossible à formuler en pratique, car dans ses conclusions la partie qui réclame l'annulation devra décrire le régime qu'elle aurait adopté si elle n'avait pas été trompée, ainsi que toutes les clauses accessoires qui l'auraient accompagné.

Il est répondu à ces deux arguments : d'une part, que l'absence de contrat de mariage ne peut être assimilée à l'absence de vente ou de tout autre convention ; que l'absence de contrat de mariage est elle-même un véritable contrat qui doit par conséquent être librement consenti ; que la loi impose aux époux un contrat de mariage et les déclare mariés en communauté, s'ils ne disent pas le contraire ; leur silence est donc une convention et l'acceptation volontaire du régime légal ; cette convention peut dès lors être attaquée pour vice du consentement. — D'autre part, pour la rédaction des conclusions tendant à l'annulation du régime, elle ne devra nullement comprendre la description d'un régime plus ou moins fantaisiste ; ces conclusions devront tendre purement et simplement à l'annulation du régime adopté, en établissant que le consentement a été surpris par dol. Quant au régime substitué, il le sera de plein droit et sans indication précise du demandeur.

BIBLIOTHÈQUE INTERNATIONALE DE DROIT PUBLIC

(honorée d'une souscription du ministère de l'Instruction publique)

Fondée par M. BOUCARD et G. JÈZE

Publiée sous la direction de Gaston JÈZE

SÉRIE IN-8°

BRYCE (J.). — La République américaine, préface de E. Chavegrin, 1901-1902. 4 vol. in-8. Prix, broché : 50 fr. ; relié . . . . 54 fr. »»

LABAND (P.). — Le Droit public de l'Empire allemand, préface de F. Larnaude. 1900-1904. 6 vol. in-8. Prix, broché : 60 fr. ; relié . 66 fr. »»

DICEY (A. V.). — Introduction à l'étude du droit constitutionnel, préface de A. Ribot, 1902. broché : 10 fr. ; relié . . . . . . 11 fr. »»

W. WILSON. — L'État, avec une préface de L. Duguit, 1902. 2 vol. broché : 20 fr. ; relié . . . . 22 fr. »»

A. HAMILTON, JAY, MADISON. — Le Fédéraliste, édit. française par G. Jèze, préface de A. Esmein, 1902. br. : 14 fr ; relié . . . . 15 fr. »»

KORKOUNOV. — Théorie générale du Droit, traduction française de J. Tchernoff, préface de F. Larnaude. 1903. broché : 10 fr. ; rel. . 11 fr. »»

OTTO MAYER. — Le Droit administratif allemand, préface de H. Berthélemy. 1903-1906. 4 vol. br. : 32 fr. ; relié . . . . 36 fr. »»

KOVALEWSKY. — Les institutions politiques de la Russie. — Trad. franç. de Me Derocquigny. 1903. broché : 7 fr. 50 ; relié . . 8 fr. 50

ANSON (Sir William R.). — Loi et pratique constitutionnelles de l'Angleterre. 1903. 10 fr. 1903-05, 2 vol. broché 20 fr ; relié . 22 fr. »»

NITTI (F.). — Principes de Science des Finances, préface de A. Wahl, 1904. 2 vol. in-8, broché : 12 fr. ; relié (reliure de la Bibliothèque). 13 fr. »»

CURTI. — Le referendum, traduction française par M. Ronjat, complétée par l'auteur. 1 v. in-8 br. 10 fr. ; relié (reliure de la Bibliothèque) 11 fr. »»

DICEY (A. V.). — Leçons sur les rapports entre le Droit et l'opinion publique en Angleterre au cours du XIXe Siècle. Traduction française par Alb. et Gaston Jèze, 1 v. in-8. Paris, 1906, br. 12 fr. ; relié. 13 fr. »»

MOREAU et DELPECH. — Les Règlements des Assemblées législatives, préface par Ch. Benoist, 2 vol. broché, 30 fr. ; relié. 32 fr. »»

STUBBS. — Histoire constitutionnelle de l'Angleterre ; édition française par Ch. Petit-Dutaillis ; traduction française de G. Lefebvre. Tome I, broché : 16 fr. ; relié . . . . 17 fr. »»

ERRERA (P.). — Traité de Droit public belge. Droit constitutionnel. Droit administratif, broché 12 fr. 50 ; relié . . . . 13 fr. 50

NERINCX (A.). — L'Organisation du pouvoir judiciaire aux États-Unis. 1909, broché 10 fr. ; relié . . . . 11 fr. »»

MAY (E.). — Traité des lois, privilèges, procédures et usages du Parlement, traduction française par J. Delpech, 1909. 2 vol. in-8°, broché : 25 fr. ; relié . . . . 27 fr. »»

SÉRIE IN 18

TODD (A.). — Le Gouvernement parlementaire en Angleterre. Traduit sur l'édition anglaise de Spencer Walpole, avec une préface de Casimir Périer, 1900, 2 v. in-18, br. : 12 fr. ; relié. . . . . . . 13 fr. »»

WILSON (W.). — Le Gouvernement congressionnel, préface de Henri Wallon, 1900. broché, 5 fr. ; relié . . . . 5 fr 50

JENKS (Edward). — Esquisse du Gouvernement local en Angleterre. Préface de H. Berthélemy, 1902. broché : 5 fr. ; relié. 5 fr. 50

DICKINSON (Lowes). — Le Développement du Parlement pendant le XIXe siècle, trad. M. Deslandres. 1906. broché, 5 fr. ; relié. 5 fr. 50

BIBLIOTHÈQUE INTERNATIONALE

DE SCIENCE ET DE LÉGISLATION FINANCIÈRES

Directeur : G. Jèze, professeur agrégé à la Faculté de Droit de Paris

SELIGMAN (E.). — L'Impôt progressif, in-8 br. 10 fr. ; rel. 11 fr. »»

WAGNER (A.). — Science des Finances, t. I, in-8 br. 15 fr. ; rel. 16 fr. »»
  — » » t. II » br. 15 fr. ; rel. 16 fr. »»
  — » » t. III et dernier in-8 (sous presse),
  broché : 10 fr. ; relié . . . . 11 fr. »»

Von MYRBACH-RHEINFELD (F). — Précis de Droit financier, in-8 broché : 15 fr. ; relié . . . . 16 fr. »»

www.ingramcontent.com/pod-product-compliance
Lightning Source LLC
Chambersburg PA
CBHW072346200326
41519CB00015B/3679